지은이 실버 버치 Silver Birch

실버 버치는 아메리카 인디언의 영으로, 영매 모리스
바바넬을 통해 대중들에게 영계의 메시지를 전했다.
그는 자신의 권위로 인해 메시지가 왜곡되는 것을
우려하여 끝까지 자신의 본명을 밝히지 않아 실버
버치(자작나무)라는 익명으로만 알려져 있다. 실버 버치는
헌신(service)하는 삶을 강조했으며 그 자신이 지상으로
귀환한 동기 역시 그 뜻을 함께할 모든 사람을 위해
헌신하기 위함이었다고 전해진다.

옮긴이 김성진

역자 김성진은 1994년 연세대학교 심리학과를 졸업하고
출판기획자로 일하면서 영성 분야에 관심을 두고
공부해왔다. 옮긴 책으로는 《영혼들의 땅》이 있다.

디자인 변영옥

실버 버치의 가르침

일러두기
이 책은 아래에 명시되었듯이 1949년 영국에서 출간된 《Silver Birch Speaks》의 한국어판입니다.
실버 버치 시리즈의 다른 책들인 《Teachings of Silver Birch》, 《The Spirit Speaks》, 《Guidance from Silver Birch》 등과 혼동하지 않으시길 바랍니다.

SILVER BIRCH
SPEAKS

두 세계의 다리가 되어준
위대한 영혼

실버 버치의 가르침

실버 버치 지음

김성진 옮김

정신세계사

실버 버치의 가르침

ⓒ STF Publishing Ltd.

실버 버치 구술하고, 실비아 바바넬 엮고, 김성진 옮긴 것을 정신세계사 김우종이
2020년 5월 29일 처음 펴내다. 배민경이 다듬고, 변영옥이 꾸미고, 한서지업사에서
종이를, 영신사에서 인쇄와 제본을, 하지혜가 책의 관리를 맡다. 정신세계사의
등록일자는 1978년 4월 25일(제2018-000095호), 주소는 03965 서울시 마포구
성산로4길 6 2층. 전화는 02-733-3134, 팩스는 02-733-3144, 홈페이지는
www.mindbook.co.kr, 인터넷 카페는 cafe.naver.com/mindbooky 이다.

2024년 4월 2일 펴낸 책(초판 제5쇄)

ISBN 978-89-357-0437-8 03290

이 도서의 국립중앙도서관 출판예정도서목록(CIP)은 서지정보유통지원시스템
홈페이지(http://seoji.nl.go.kr)와 국가자료종합목록 구축시스템(http://kolis-
net.nl.go.kr)에서 이용하실 수 있습니다.(CIP제어번호: CIP2020019344)

차례

소개글

실버 버치와 교령회, 심령주의에 관해

죽은 영혼과 교류하는 샤머니즘의 전통은 유독 서구에서
만 명맥이 끊겼다가 기독교의 권위가 급격히 쇠퇴한 19세기
에 화려하게 부활했다. '마녀'나 '마법사' 같은 부정적 용어 대
신, '영매(medium)'란 중립적 명칭으로 역사의 전면에 등장한
이 근대적 샤먼들은 죽은 자의 영혼을 불러 대화를 나누기도
하고, 영혼의 몸을 즉석에서 물질화시키는 등의 이적을 선보
였다. 이러한 교령회交靈會는 미국과 유럽에서 폭발적 인기를
끌어, 링컨이나 나폴레옹 3세, 빅토리아 여왕 같은 당대의 유
명 인사들까지 모임에 참석할 정도였다.

그러나 과학계에선 반감을 표했으며 급기야 일부 과학자

들이 나서서 검증을 시도하게 된다. 검증에 나선 과학자들은 진공관 발명으로 작위를 받은 윌리엄 크룩스William Crookes 경, 무선 전신의 개척자로서 역시 작위를 받은 올리버 롯지Oliver Lodge 경, 면역학의 창시자이자 노벨상 수상자인 샤를 리셰Charles Richet, 아르곤 가스를 추출해 역시 노벨상을 받은 존 레일리John Rayleigh 경, 다윈과 함께 진화론을 공동 창시한 알프레드 월리스Alfred Wallace 등, 학계에서 실력을 인정받는 인물들이었다.

이들은 속임수를 방지하기 위해 영매를 연구실로 불러 다양한 실험을 시도했고, 오랜 격론 끝에 미지의 세계로부터 정보를 전달받는 기술만큼은 속임수가 아니란 결론을 내렸다(이 결론이 내려지기까지 조사원이 영매의 집에 수년간 상주했으며 사립탐정이 고용되어 영매가 정보를 은밀히 수집하는지의 여부가 조사됐다).

그러나 영매가 알아낸 정보들이 텔레파시로 받아낸 것인지, 아니면 정말 영혼으로부터 전달받은 것인지를 놓고 의견이 갈렸다. 초반엔 텔레파시설이 우세했지만, 검증에 참여했던 사람들이 하나둘 세상을 뜨면서 텔레파시설 대신 영혼설을 입증하는 메시지를 영계로부터 다양한 방법으로 전해오기 시작했다(영매가 전혀 모르는 라틴어나 희랍어로 메시지를 보내 다른 사람이 받은 메시지와 퍼즐처럼 짜 맞추도록 하는 식이었다).

영매와 마술사의 공방

마침내 1922년 과학 잡지인 〈사이언티픽 아메리칸Scientific American〉에서 거액의 현상금을 내걸고 영매술의 실재 여부를 확인하기로 했다. 이때 외과의사의 아내인 미나 크랜던Mina Crandon이 '마저리Margery'란 가명으로 심사에 도전해 1924년에 상금을 받게 된다. 그러나 전직 마술사이자 엉터리 영매술 폭로 전문가인 해리 후디니Harry Houdini가 이의를 제기하는 바람에 3회에 걸친 검증 실험이 재개됐다. 후디니는 머리와 손만 나오도록 만든 나무 상자 속에 크랜던을 가두고 검증을 했다. 그럼에도 크랜던은 1차 실험을 성공시켰고, 나무 상자를 불가사의한 힘으로 열어젖혀 후디니를 당황케 했다.

2차 실험은 나무 상자에 갇힌 크랜던에게 상자 안에 있는 종을 울리게 하는 과제가 부여됐는데, 실험 도중 크랜던의 죽은 오빠이자 지배령인 월터가 후디니의 속임수를 비난하고 나서는 일이 벌어졌다. 종소리가 나지 않도록 안에 고무를 끼워 놓았다는 것이었다. 그뿐 아니라 후디니가 상자 안에 몰래 접자를 넣어뒀다는 말도 했다. 실제로 상자를 열어보니 종에 고무가 끼워져 있었고 접자도 발견됐다. 그러나 후디니는 크랜던이 몰래 감춰둔 그 접자를 이용해 1차 실험 때 마술쇼를 벌인 것이라고 주장했다. 후디니의 사후에 그의 조수가 후디니의 지시로 자신이 접자를 상자에 넣었음을 고백했지만, 결국 크랜던은 심사를 통과하지 못했고 영매술은 사기라는 결론이 내려졌다.

이 일로 크랜던은 영매술 신봉자들 사이에서 지탄의 대상이 됐고, 후디니는 자신의 성과(?)를 《후디니, 보스턴 영매 마저리의 속임수를 잡아내다》란 책으로 펴내며 기염을 토했다. 이후로 후디니는 회의주의자들 사이에서 전설적 인물로 추앙받고 있는데 1969년 영국의 BBC에서 그의 일대기를 다큐멘터리로 제작할 정도였다.

그러나 유가족의 반발로 다큐멘터리에 담기지 못한 비화가 하나 있었다. 후디니는 크랜던 심사가 있고 2년 뒤 복막이 터져 52세의 나이로 죽는데, 임종 직전 아내에게 사후세계가 정말로 존재하면 저승에서 메시지를 보내 확인시켜 주겠다는 유언을 남겼다. 메시지를 전할 영매의 이름은 미리 지정하지 않았으며, 누구든 자신의 메시지를 받았다고 주장하는 사람에게 암호를 통해 확인하도록 했다.

후디니 부부가 사용한 암호는 매우 정교한 시스템을 갖춘 것이었다. 원래 이 부부는 젊은 시절 속임수로 강신술을 하며 생계를 이어간 적이 있었고, 이 시기에 아무도 눈치채지 못하도록 의사 교환을 할 수 있는 암호 시스템을 고안했다. say, now, speak 같은 일상적 단어 열 개에 일련번호를 매겨놓은 것이었다. 후디니가 단어 몇 개를 나열하면 이것이 숫자를 거쳐 다시 알파벳으로 변환되는 시스템이었다. 두 사람은 오랫동안 파트너로 일하면서 암호를 이용한 대화를 능숙하게 주고받을 수 있었다.

후디니가 죽고 2년 뒤 아서 포드Arthur Ford란 젊은 영매가 나타나 후디니의 메시지를 받았다고 주장했다. 그가 받은 메시지는 암호 체계와 정확히 들어맞았으며, 부부만이 알 수 있는 은밀한 내용이 담긴 메시지로 변환되었다. 결국 후디니의 아내 베아트리스Beatrice는 아서 포드를 통해 죽은 남편의 메시지를 전달받았다는 공식 성명을 발표했다. 이 성명에 대한 증인은 〈유나이티드 프레스United Press〉의 H. R. 잔더Zander와 〈사이언티픽 아메리칸〉의 부편집장인 J. W. 스태퍼드Stafford 등이었다. 그러나 후디니의 동료 회의주의자들은 사기꾼에 불과한 여자의 말을 믿을 수 없다며 비난과 조롱을 퍼부었다. 또한 후디니 부인이 아서 포드와 내연 관계라는 등의 악성 루머를 퍼뜨렸다.

크랜던의 심사 이후 교령회에서 온갖 이적을 선보였던 '피지컬 영매'들은 점차 자취를 감췄으며, 영혼과 접촉해 필요한 정보만 얻어내는 이른바 '멘탈 영매'들이 주류로 부상했다.

물질주의와 낡은 신앙의 양극단 사이에서

이렇게 서구사회에 등장한 이른바 '영매'들은 물질주의와 낡은 종교의 양극단을 지양하는 새로운 세계관을 제시했다. 또한 노예해방이나 인권신장 같은 개혁적 운동이 태동하는 데 한몫을 하기도 했다.

영매들은 이른바 '심령주의(spiritualism)'라 불리는 새로운 사상을 정립하는 데 결정적인 역할을 하는데, 심령주의의 기본적인 내용은 다음과 같다.

- 인간의 영혼은 불멸하며, 윤회를 통해 진화한다.
- 신은 우주를 다스리는 법칙이자 사랑이다. 분노하고 질투하는 기독교의 신은 인간의 창조물일 뿐이다. 인간의 불행은 인과의 법칙에 따라 스스로 불러들인 결과일 뿐, 신이 내리는 징벌이 아니다.
- 기독교에서 묘사하는 식의 천국과 지옥은 없다. 영의 세계는 지상의 삶의 연속이며, 다른 종류의 것이 아니다. 그러나 진화의 정도에 따라 여러 계층으로 구분된다.

심령주의의 이러한 세계관은 당시 서구사회의 정신세계를 지배하던 낡은 기독교와 새로운 물질주의의 양극단 어디에도 속하지 않는 전혀 새로운 것이었다. 심령주의는 특정한 존재에 의해 정립된 사상은 아니지만, 그중에서도 가장 신뢰할 만한 정보로 인정받는 게 이 책에서 소개하는 실버 버치의 메시지라 할 수 있다.

새로운 타입의 교령회

실버 버치의 영매였던 모리스 바바넬Maurice Barbanell(1902–1981)은 피지컬 영매의 시대가 저물고 멘탈 영매가 주류로 부상하던 시기에 등장한 인물이다. 무신론자였던 바바넬은 10대 후반의 나이에 우연히 참석한 교령회에서 비판적인 발언을 쏟아내다 다른 참석자들과 논쟁을 벌이게 된다. 이때 바바넬은 몇 달간 교령회에 참관하면서 진위 여부를 조사해보지 않겠냐는 제안을 받고 수락한다. 그렇게 참관한 모임 도중 그는 잠이 들고 말았는데, 깨어난 뒤에 자신이 아메리카 인디언*의 영매가 되었다는 말을 듣는다.

그 뒤 바바넬은 자신의 교령회를 시작했지만 이름이 알려지는 것을 원치 않았고, 이 모임을 통해 메시지를 전한 인디언 영

---

* 원칙상 '아메리카 원주민'이라고 표기함이 옳으나, 이 책에서는 당시 교령회에서 오간 대화의 분위기를 최대한 전달하기 위해 원문을 그대로 따랐다. 이하의 각주는 모두 역자가 단 것이다.

도 자신의 이름을 밝히지 않았다. 결국 이 모임은 열성 회원이자 유명 저널리스트였던 해넌 스와퍼Hannen Swaffer(1879-1962)의 모임으로 알려지기 시작했고 점차 외국에까지 입소문이 퍼졌다.

바바넬은 1932년에 심령주의 신문인 〈사이킥 뉴스Psychic News〉를 공동 창간하고 편집자가 되었는데, 자신의 교령회에 대한 소식은 끝내 싣지 않았으며 그것이 부적절하다고 생각했다. 그러나 해넌 스와퍼가 신문을 통해 교령회의 메시지를 알리자고 설득해 결국 바바넬은 제안을 수락하되 자신은 익명으로 남기로 한다. 이때 인디언 영이 자신의 이름을 '실버 버치Silver Birch'(자작나무)로 정하게 된다.

바바넬은 접신 상태에서 의식을 잃어 아무것도 기억하지 못했고, 바늘로 찌르는 등의 자극에도 반응을 보이지 않았다. 또한 실버 버치는 환생을 인정한 반면, 바바넬은 깨어 있는 상태에서 '환생 같은 건 있을 수 없다'고 주장했다. 그는 실버 버치가 자신의 제2 인격이라는 주장을 끝내 받아들이지 않았으며, 모임의 참석자들과 바바넬의 아내인 실비아Sylvia(이 책의 편저자)도 두 존재의 인격이 다름을 증언했다.

바바넬은 80세를 일기로 타계하기까지 일주일에 한 번씩 정기적으로 모임을 가졌다. 자그마치 60년 동안 교령회를 했기에 방대한 양의 자료가 쌓여 있고 편집해서 출간된 서적

만도 열다섯 권에 이른다. 일본에서는 대부분 번역되어 있으나 국내에는 1980년대에 한 권이 나왔다가 절판된 상태다. 이 책은 모리스 바바넬의 아내인 실비아 바바넬이 엮은 《Silver Birch Speaks》를 번역한 것이다.

　실버 버치의 사상에 대한 더 자세한 조망은 이 책의 뒤편에 실린 '역자 해설'을 참고해주길 바란다.

옮긴이 김성진

서문

단순한 질문

런던의 한 아파트 거실에서 스스로를 '실버 버치'라 부르는 영의 음성이 무아지경에 빠진 영매의 입을 통해 울려 퍼진다. 그는 현대를 살아가는 사람들에게 삶의 방식에 대해 설파하고 있다. 이 고도로 진화된 존재는 자신의 진정한 위상을 감추기 위해 소박한 북아메리카 인디언의 익명을 쓴다. 중요한 것은 메시지일 뿐, 그것을 전달하는 사람은 아니라는 점을 그는 늘 강조한다.

실버 버치의 임무는 우주를 다스리는 불변의 진리를 전파하는 것이다. 그는 유창하고 아름답지만 단순한 언어로 이러한 진리를 드러낸다.

이 글을 쓰는 동안에도 세상은 또다시 의심과 불신의 혼란 속으로 빠져들고 있다. 불길한 소문이 나돌고, 공포가 만연하며, 빈곤과 굶주림이 여러 지역에서 횡행한다. 불신이 지구를 양분하고(냉전 시대를 의미함, 역주), 친교를 위해 내민 손이 신뢰와 선의의 결여로 인해 거부되고 있다.

우리가 실버 버치의 복잡하지 않으면서도 현실적인 가르침을 일상에 적용한다면 인류가 하나가 되는 시대가 도래할 것이라는 데 동의하지 않을 사람은 거의 없을 것이다.

해넌 스와퍼 홈 서클home circle로 불리는 모임의 회원들이 정기적으로 만나는 것은 실버 버치의 지혜를 보급하기 위해서다. 실버 버치의 말은 교령회 중에 속기로 남김없이 기록되며, 다양한 출판물과 서적을 통해 널리 보급된다.

이 사랑받는 인디언은 이렇게 전 세계에 걸쳐 수많은 친구들을 두고 있으며, 그 대부분은 우리 모임에 나오거나 사적으로 만난 적이 없는 사람들이다. 몇몇 사람들은 비탄의 시대의 끔찍한 고통 속에서 조언을 청하는 편지를 보냈었다.

실버 버치는 자신의 철학을 필요로 하는 곳이라면 어디든지 늘 도움을 제공할 준비가 되어 있다. 수백 건의 사례 속에서 사람들이 받았던 위안과 도움이 어떠했는지는 해넌 스와퍼가 남아프리카 공화국에 거주하는 세실 네이피어Cecil Napier란 외국

인과 주고받은 다음의 편지를 통해 가늠할 수 있을 것이다.

"낯선 사람이 조언을 청하는 것을 양해해주셨으면 합니다.

잠시 제 소개를 해도 될까요? 제가 어떤 사람인지 짐작하시는 데 도움이 되리라 봅니다. 저는 인생의 대부분을 아프리카의 황무지에서 보낸 56세의 남자입니다. 문명이라 불리는 지역에서 수백 킬로미터 떨어진 곳의 덤불과 사막을 누비며 사냥을 하다가, 별이 반짝이는 밤하늘을 바라보며 잠이 들고, 수개월 동안 보는 사람이라곤 원주민들밖에 없는, 인생에 대해 그 이상의 어떠한 것도 기대하지 않았던 삶을 살았지요.

저 같은 사람은 많은 생각을 합니다. 우리는 자연과 아주 가까이 있고 자연의 많은 모습들을 알고 있지요. 도시에서 사는 분들은 놓칠 수도 있는 무언가를 자연으로부터 배웁니다. 그 어떠한 것으로도 동요되지 않는 내면의 고요함이랄까요.

그리고 우리들 대부분은 어떤 형태로든 이런저런 신앙을 갖고 있습니다. 그것은 바로 신에 대한 믿음일 겁니다. 어느 정도 당연시되고 있는 것이죠. 그래서 그것은 우리가 곤란에 처했을 때 도움을 청하고 길을 알려달라며 기도할 수 있는 대상이 되고 있어요. 그러나 저는 어떠한 신앙도 가져본 적이 없습니다. 평생 기억이 허락하는 범위 내에서 저는 무신론자였어요. 신을 믿고 싶지 않아서가 아니라, 저의 논리적인 판단력이나 양심으로는 일반적인 종교를 받아들이기가 어려웠던 것이죠.

그렇게 세월이 흘렀습니다. 만일 제가 인생의 앞길에 걸려 있던 장막을 들어 올리지만 않았다면, 아프리카의 한복판에서 지내온 삶을 계속해나갈 수 있는 것에 위안과 행복을 느꼈을 것입니다. 그러나 이제 모든 것이 바뀌고 말았죠. 더 이상 저에겐 캠프파이어도 없고, 먹이를 찾아 밤을 어슬렁거리는 짐승들의 울음소리도 들을 수가 없게 됐어요. 이제 도시에서 살아야 하기 때문입니다. 이 번드르르하고 인공적인 겉치레들, 가식적인 우정과 즐거움 속에서 말입니다. 저의 일부가 덤불 속에 남겨진 것 같았기에 저는 그 어느 때보다 의지할 수 있는 무언가를, 이 거짓된 세상에서 진실을 담고 있는 무언가를 찾기를 갈망했죠.

책에서 많은 위안을 얻고 있던 저의 아내가 제 어려움을 눈치챘는지 실버 버치의 책들을 읽어보라고 권했습니다. 저는 그간의 오랜 방황이 마침내 끝났다고 믿습니다. 너무나 많은 것을 잃었기에 결핍을 메울 수 있는 길이 제시되었다고 믿습니다. 저는 책을 읽자마자 너무 큰 감명을 받은 나머지, 실버 버치가 바로 옆에서 큰 연민과 인내심으로 저를 일깨우고 돕는 것만 같은 느낌을 받는답니다. 저는 실제로 그럴 수 있는지가 궁금했어요. 저의 모든 영혼이 그에게로 쏠려 있고, 더 가깝게 다가가고 싶은 간절함이 있기 때문입니다.

그런 일이 가능한지를 여쭙고자 펜을 들었어요. 여기 머나먼 아프리카에서도 어떤 식으로든 저를 도와주실 수 있나요? 실버 버치에게 저 대신 질문해주실 수 있을까요? 그리고 어쩌면 당신을 통해 실버 버치가 저에게 해야 할 일을 말씀해주실 것만 같습니다. 모르는 분에게 너무 지나친 부탁인가요?

아마 제가 자신을 더 잘 표현할 수 있었다면, 이 일이 저에게 얼마나 많은 걸 의미하는지 아실 수 있었을 겁니다. 우리는 육체의 병을 갖고 있는 것처럼 영혼의 병도 갖고 있지요. 저의 몸 상태는 늘 완벽해서 어떠한 질병도 없었지만, 영혼은 뿌리까지 병들어 인생과 모든 것에 넌더리가 나 있었어요.

저는 아내를 몹시 사랑합니다. 아내의 보살핌과 사랑이 없었더라면 이 자리에 있지도 못했을 것입니다. 저의 방황을 옆에서 지켜준 몇 년 동안 아내가 저 때문에 포기했던 모든 것들을 잘 알고 있습니다. 그러면서도 불평 한마디 하지 않은 사람이었죠. 아내는 밤에 비가 와서 모닥불이 꺼지고, 저와 원주민들이 사자의 공격을 막기 위해 총을 쏘고 소리를 지르며 깡통을 두드릴 때 정말 무서워했어요. 그랬던 아내는 건강 때문에 해안가에서 살아야 했고, 저는 그 곁을 지켜야 했습니다.

이것이 제가 말씀드리려 했던 저의 사연입니다. 보잘것없지만 최선을 다해 설명했어요. 저를 도와주실 수 있는지요? 저는 정말이지 더 많이 알고 싶고, 심령주의에 대한 믿음을 가질 수 있을 만큼 충분한 이해를 얻고 싶습니다. 지금까지 다른 어떤 신앙이나 종교에서도 그러한 믿음을 얻을 수 없었어요. 다른 책들도 읽어봤지만 그 어떤 것도 실버 버치의 가르침만큼 감명을 주진 못했습니다. 제가 많은 생각 끝에 이 편지를 쓰기로 작정한 것은 실버 버치가 당신 모임의 인도자이기 때문입니다.

제 아내는 심령주의에 대해 제게 말하는 것을 어려워했어요. 제가 종교를 믿지 않는 데다 아마도 자신을 비웃을 거라 생각했던 거죠. 오래전에 우리는 종교에 대해 어떠한 이야기도 하지 않기로 했었습니다. 저에겐 없는 거나 마찬가지인 신에 대한 믿음을 아내는 늘 지니고 있었기 때문입니다. 제가 개종은 아니더라도 어느 정도 관심을 보인 것이 아내에겐 깜짝 선물이 되었으리라 생각합니다. 나중엔 물론 개종까지 하게 됐습니다만.

그러니 답장이 오기를 기다리렵니다. 설령 답장이 오지 않는다고 해도 실망은 크겠지만 이해할 작정입니다. 혼자서라도 최선을 다해 진리를 추구할 것입니다."

이 편지는 모임 중에 실버 버치에게 읽혀졌고, 그의 대답은 다음과 같았다.

"이분에게 제가 그 용기를 높이 평가한다고 전해주세요. 자연에 그토록 가깝게 살아와 그 변화무쌍함에 익숙한 분이라면, 자연의 배후에 그 모든 변화를 통제하는 법칙이 있다는 것을 배우셨을 것입니다. 그러한 법칙은 언제나 한결같이 작용합니다. 신이 우주와 그 무한한 다양성 속에 속해 있는 모든 존재를 위해 대비했던 것처럼, 그러한 법칙도 영혼들을 위해 대비를 해놓았습니다.

지나간 일들을 갈망하는 것은 소용이 없습니다. 과거가 아닌 현재 속에서 살아야 합니다. 신이 부여한 잠재력의 원천에 의지할 수 있도록 이분이 내면을 들여다보게 하시고, 자신감으로부터 생겨나는 평온함으로 삶을 마주할 수 있도록 힘과 휴식을 취할 수 있게 하세요.

이분에게 부인의 사랑을 듬뿍 받는 사실을 기뻐하시라고 전하시고요. 부인의 믿음이 이분에게 좋은 본보기가 되었을 것입니다. 내면의 격한 동요를 진정시키고, 자기 안에서 신을 발견하는 법을 아는 사람들 특유의 평정심을 얻으셔야 합니다. 단지 마음을 진정시키고, 고요함 속에서 생겨나는 모든 것을 얻는다면, 혼란은 멈출 것입니다. 이분에게 저의 사랑과 함께 이 말을 전해주세요. '흔들리거나 두려워하지 마세요. 신은 결코 당신을 저버리지 않습니다.'"

네이피어 씨가 답장을 보내왔다.

"실버 버치의 말씀을 통해 제가 얼마나 큰 위안과 기쁨을 얻었는지 말로 표현할 수가 없습니다. 너무도 아름답게 표현되어 깊은 감명을 받았어요. 다음의 소식을 들으면 매우 기뻐하시리라 믿는데요. 해넌 스와퍼에게 편지를 보낸 이후 장족의 발전이 있었습니다. 이곳 피터마리츠버그Pietermaritzburg의 새로운 심령주의 교회에서 회장으로 임명됐거든요.

모쪼록 실버 버치에게 감사의 뜻과 함께, 그분이 제안하신 것을 실천하고 있다고 전해주세요. 그분이 어려운 처지의 저를 개인적으로 도와주셨다는 느낌을 강하게 받고 있습니다. 답장에서 그분이 암시한 길로 제가 들어갈 수 있도록 도움을 주신 것 같아요."

세실 네이피어는 실버 버치를 '놀라운 영혼'이라고 부르면서 계속 말을 이었다.

"제가 힘든 시기를 벗어나 믿음과 행복을 되찾고, 어둠 속을 나와 빛으로 들어갈 수 있었던 것은 그의 가르침을 통해서였습니다. 이 모든 것이 실버 버치의 가르침 덕분입니다. 그로부터 많은 위안을 받았던 제 아내가 저에게 안겨준 것이죠. 제가 실버 버치에게 이 점을 말씀드리고 저의 진실한 사랑과 감사를 전하는 것이 예의라고 생각하는데 이 점에 동의해주실거라 믿습니다. 감사의 말씀을 전해주실 거죠?"

그의 편지가 전달되자 실버 버치가 답했다.

"방금 깨어난 영혼으로부터 이러한 메시지를 전달받아 매우 기쁘고 감사합니다. 저는 신에 대한 이분의 감사에 동참할 것입니다. 하지만 이 얘기도 전하세요. 자신이 어둠 속에 있다가 빛을 발견했듯이, 착오로 근심에 빠져 있다가 진리를 발견했듯이, 자신도 다른 사람들이 두려움을 떨치고 안식을 찾을 수 있도록 헌신해야 한다는 것을요. 이분에게 일어난 일이 다른 사람들에게도 동기 부여가 될 수 있도록 함께 나누셔야 합니다.

그리고 이 얘기도 전해주세요. 부인과 함께 새로 활동하게 된 교회가 어둠 속에 있는 이들이 빛을 발견할 수 있도록 지혜의 빛으로 흘러넘치는 곳이 되길 바란다고요. 두 분께 신의 은총이 있길 빕니다."

실버 버치는 오랜 시간 나(모리스 바바넬의 아내 실비아)의 조언자이자 친구였다. 영적으로 그토록 높은 위치에 있으면서도 그는 늘 소탈한 인간미를 지니고 있었고, 동정심과 사랑으로 충만해 있었다. 자신의 사명으로 인해 우리의 세속적인 약점과 결함을 늘 가까이에서 접했으면서도 나는 그가 누군가를 비난하는 것을 한 번도 들은 적이 없다.

실버 버치의 실재성에 관해서는 모호하거나 애매한 부분이 없다. 육안으로 보이진 않지만 그의 존재는 현실적이고 명백하다. 그는 내가 아주 잘 아는 그의 영매(남편 모리스)와는 전혀 다른, 생명과 의식을 가진 인격체다.

이 인도령은 가능하면 언제 어디서든 애정 어린 헌신을 바친다. 내가 힘들고 어려웠던 시기에 그의 현명한 말들은 간혹 애매하게 다가오기도 했지만, 시간이 흐른 뒤엔 늘 실현되었고 완전히 이해가 되었다.

따뜻하고 사적인 격려가 필요한 때면, 그는 교사와 사상가로서의 모습을 기꺼이 벗어던진다. 죽음이 사랑하는 사람들을 일시적으로 갈라놓을 때면, 그는 애도하는 이에게 위안과 이해가 전해질 수 있도록 두 세계를 가르는 장막을 걷어낸다. 또한 그는 나의 아버지가 돌아가셨을 때도 곧바로 나를 위해 아버지가 지내시는 모습을 생생히 묘사해주었다.

아버지는 말년에 심령주의의 열성적인 지지자가 되셨다. 사실 죽음 이후의 삶에 대한 이해로 인해 아버지는 전체적인 인생관과 행동이 달라졌었다. 아버지는 실버 버치에게 깊은 애정을 갖고 있다.

아버지가 돌아가신 뒤 새로운 삶에 대한 그분의 반응에 대해 내가 물었을 때 실버 버치는 말했다.

"당신의 아버지는 타고난 심령주의자셨어요. 그런데도 죽음 뒤에 마주한 장관에 압도당하고 계십니다."

"자연의 아름다움을 워낙 사랑한 분이셔서 그럴 거예요."

나의 대답에 실버 버치가 말했다.

"몇 가지 특이한 이유로 그분은 저에게 큰 애정을 갖고 계세요. 이곳에서 깨어나셨을 때 저는 당신의 큰오빠가 지켜보는 앞에서 그분의 손을 잡고 환영 인사를 했어요(나의 큰오빠는 제1차 세계대전 중에 전사했다). 아버님은 우리 두 사람을 보시더니 하염없이 눈물을 흘리면서 예전처럼 다시 커진 몸을 부들부들 떨고 계셨지요.

여러분 중에 영의 세계를 있는 그대로의 모습으로 상상할 수 있는 사람은 없습니다. 제가 말로 전달할 수 있는 것보다 훨씬 더 생생하지요. 그리고 이제 당신의 아버지는 완전히 깨어나셨어요. 지금 너무도 바쁘신데 그동안 해온 일의 성과를 조만간 보시게 될 겁니다. 그런데 연로하신 부인(나의 어머니)이 오랫동안 당신 곁에 계실 거라고 기대하진 마세요. 이곳으로 오시는 게 훨씬 낫습니다. 여러분의 세계에서 너무 오래 머무시면 큰 고통이 따를 테니까요."(내 어머니는 이 메시지가 전해지고 얼마 뒤 돌아가셨다.)

비록 우리가 가진 문제들에 늘 동정적이긴 했지만, 실버 버치는 우리를 위해 그 문제들을 해결하려고 나서지는 않았다. 어려운 일이 있을 때마다 인도령들에게 의존한다면, 우리는 아무런 개성도, 인격도 없는 로봇 같은 존재가 되고 말 것이다. 우리는 스스로의 이성과 자유의지를 사용해야만 한다.

그럼에도 올바른 처신이 무엇인지에 대한 의문이 생길 때면 실버 버치는 단순한 질문을 던짐으로써 그 모든 문제를 정리해줄 것이다.

"당신의 동기는 무엇인가요? 중요한 것은 동기입니다."

또한 이 인도령이 지상으로 귀환한 동기도 아주 명백하다. 받아들일 수 있는 모든 사람을 위해 헌신하는 것, 바로 그것이리라.

엮은이 실비아 바바넬

CHAPTER I

물질의 돈과 영의 돈

다음은 세계적으로 유명한 언론인이자 모임의 일원인 해 넌 스와퍼가 우리 교령회를 설명한 내용이다.

헌신, 헌신, 헌신!

그것이 실버 버치의 가르침의 모든 것이다. 그는 이 말을 매주 새로운 표현으로 다양하게 설명하면서 번득이는 통찰력으로 우리를 일깨워준다. 우리 모임의 회원들은 오래전부터 알고 있는 가르침이지만 방문자들에겐 일종의 계시라고도 할 수 있다.

며칠 전 나는 이 모임에 세 명의 친구들을 초대했다. 모두 처음 참석하는 사람들이었다. 한 명은 귀족 작위가 있는 부인이었는데, 서민들에게 자비를 베풀고 새로운 사회 질서를 정립하는 일에 몸담고 있었다. 그녀는 실버 버치가 자신의 영혼을 읽을 수 있다는 것을 가장 먼저 알아차린 사람이었다.

"당신은 언제나 우리의 가르침이 맞다고 느꼈습니다. 그간 종교의 이름으로 들었던 설명들에는 만족을 못 느끼고 있었지요. 당신은 새로운 앎이 이 세상에 큰 도움이 될 수 있을 거라 생각했습니다. 불행한 사람들을 돕는 일에 일생을 바치겠다는 일종의 맹세를 마음 깊은 곳에서 하셨군요."

그녀는 그 말이 모두 사실이라고 인정했다. 가끔은 자신의 일을 버거워하는 그녀에게 실버 버치가 격려의 말을 건넸다.

"당신은 혼자가 아닙니다. 본인의 그 열망이 영의 세계에서 비슷한 염원을 가진, 사랑으로 넘쳐나는 존재들을 저절로 끌어들이기 때문입니다. 기질이 맞는 사람들끼리의 자연스러운 공감대가 형성되는 거죠. 영원불멸하는 것은 사랑입니다. 헌신의 열망에 바탕을 둔 진정한 사랑 말입니다. 우리는 사회적 지위나 파벌, 교리와 종교 등에 관심이 없습니다. 여러분이 삶을 어떻게 살아가는지에만 관심이 있을 뿐입니다.

우리에겐 모든 종교가 하나의 단어, 즉 '헌신'으로 요약됩니다. 헌신을 하는 사람들이 신에게 가장 가까이 있는 존재들입니다. 영의 세계에서 헌신은 물질계의 돈과 같은 역할을 합니다. 누군가가 주변 사람들에게 헌신하려는 열망을 품으면, 영의 세계로부터 그 사람을 통해 같은 목적을 이루고자 하는 존재들을 자동적으로 끌어당기게 됩니다. 영계에는 인류 해방의 과업에 일생을 바친 무수한 존재들이 있습니다. 그처럼 고귀한 사명은 사후에도 지속되기 때문입니다.

영의 세계에서 오랜 세월 있다 보면 그러한 열망이 더욱 강해지죠. 그들은 여러분의 세계가 온갖 슬픔과 궁핍, 고통과 비탄으로 가득 차 있다는 것을 압니다. 너무나 많은 불의와 과오, 탐욕과 이기심이 난무한 세상을 바로잡기 위해 자신들이 가진 힘을 쏟아부으려 하는 것이죠.

그래서 그 매개가 되어줄 지상의 누군가를 찾게 되는 것입니다. 인간은 스스로를 영의 힘으로 채움으로써 도움이 될 수 있습니다. 영은 실제로 존재하고, 지상의 사람들에게 영향을 미칠 수 있어요. 그들을 통해 주변 사람들에게 영향을 미치고, 새로운 인식을 얻도록 할 수 있지요."

"자신의 생각을 좀더 분명하게 표현할 수 있는 비결이 있을까요?" 대중 앞에서 연설하는 법을 배우려 했던 그 부인이 질문을 했다.

"가끔씩 잠시 스스로를 진정시키려고 해보세요. 세상의

소란스러운 불협화음에서 한 발짝 물러나 영혼의 고요함 속으로 들어가는 것이죠. 조용하고 수동적이고 수용적인 상태가 될 때, 우리가 여러분에게 아주 가까이 다가갈 수 있게 됩니다. 여러분의 고요함이 우리에겐 기회가 되는 것이죠. 만일 여러분이 마음을 가라앉히지 않으면, 기운의 강력한 장벽이 생기게 됩니다. 그 장벽이 통로를 차단하기 때문에 우리가 다가가는 게 사실상 불가능해져요.

아주 잠시만이라도 마음을 가라앉히려고 노력해보세요. 그러면 점차 마음속에서 도움이 될 만한 생각들이 떠오르는 것을 알게 될 겁니다. 여러분을 사랑하는 영들이 자신의 오라를 여러분의 오라와 합칠 수 있게 되면, 점점 더 큰 영감이 떠오르는 것을 느끼게 됩니다. 당신의 주변을 얼마나 많은 사랑이 감싸고 있는지 전할 수만 있다면 참 좋겠군요. 말로 설명하기가 어렵습니다.

여러분은 보고 듣는 것을 통해 현실을 판단합니다. 그런 방식이 상당히 큰 착각을 불러일으키곤 하지요. 그러나 여러분 주위엔 보이지도 않고 들리지도 않는 존재들이 늘 함께 있어요. 그들은 여러분과 같은 이상을 지니고 있습니다. 쓰러진 이들을 일으켜 세우고, 약한 이들을 돕고, 궁핍한 이들을 원조하고, 병든 이들을 치유하며, 슬퍼하는 이들을 위로하고, 길

잃은 이들, 지치고 방황하는 모든 이들을 안전한 피난처로 인도하려는 엄청난 열정을 품은 존재들입니다. 당신에겐 자신의 역할이 있고, 그 일을 하게 될 것입니다."

또 다른 참석자는 출판인이었다. 그는 유럽인들이 필요로 하는 영국의 양서들을 대륙 곳곳에 최대한 빨리 보급하려는 생각을 갖고 있었다. 여러 나라에서 많은 책들이 나치에 의해 소각되었기 때문에 외부 세계의 지식에 대한 갈급함이 있는 상황이었다.

실버 버치는 그 출판인이 지난 몇 년 동안 부지불식간에 영의 도움을 받고 있었다는 말을 했다. 위기가 닥칠 때마다 결정적인 순간에 도움의 손길이 있었던 것이다. 그리고 그의 출판 일은 단순한 돈벌이가 아닌, 신성한 계획의 일부였다는 말도 했다. 그의 동기가 참으로 고결했기에, 그 어떠한 장애물도 가로막을 수 없었다는 것이다.

실버 버치는 말했다.

"지친 사람들이 많이 보입니다. 짙은 안개 속에 갇힌 듯 암울한 삶을 사는 사람들, 육체적, 정신적, 영적으로 속박된 사람들이 너무나 많습니다. 저를 비롯한 많은 영들이 그들을 자유롭게 해방시키기 위해 도움을 주려 하고 있습니다. 당신은 지금 마음속의 구상을 실현할 좋은 기회를 맞고 있어요.

34

두려워하지 마십시오. 어떠한 어려움에도 마음을 쓰지 마시고 계속 추진해나가세요. 세 번 정도의 실패를 경험한 일이라도 다시 한번 시도해보셔야 합니다. 장애물처럼 보였던 것도 가까이 다가서면 사라질 것입니다.

당신에게 생명을 부여하고 호흡과 의식을 주었던 힘은 온 우주와 그 안의 크고 작은 만물을 창조한 힘이란 것을 기억하세요. 당신이 마음속에 간직한 목표를 향해 나아간다면, 그 힘이 당신을 떠받칠 수 있습니다. 그 힘이 당신을 지탱하고 인도할 수 있도록 허용한다면 말입니다."

세 번째 참석자는 출판사 사장의 비서였는데 실버 버치의 칭찬에 낯빛이 붉어졌다. 그녀는 수년간 서적 수출이 재개될 전망이 전혀 없어 보이는 암울한 시기에도 사장을 격려했었다.

"아주 독특한 심장을 갖고 계신 분이군요. 지극히 순수한 황금빛으로 아름답게 빛나는 심장입니다. 심장 안에 증오의 마음이 보이지 않아요. 사랑과 연민으로만 가득 차 있네요. 당신도 해야 할 일이 있습니다. 제가 말씀드릴 수 있는 건 망설임 없이 그 일을 하시라는 겁니다. 생각하는 것만큼 어려운 일은 없을 것입니다.

죽음 이후에도 삶과 사랑, 기억과 의식, 그 모든 것이 지속됩니다. 지상의 혼란, 질병, 고통에서 벗어난 사람들, 그리고 생기와 활력으로 넘쳐나는 그 존재들이 당신을 도울 것입니다. 당신의 삶에는 즐거운 마음으로 기대할 만한 일들이 많네요. 자신감을 갖고 앞으로 나아가도록 하세요."

"저는 너무 약해서 탈이에요." 참석자가 겸손하게 말했다.

"당신이 생각하는 것처럼 약하지는 않아요. 사실 모든 여성이 약합니다. 지성보다 감성의 지배를 받는 경우가 많기 때문이죠. 그러나 그것은 결코 나쁜 속성이 아닙니다. 남성보다 민감하기 때문입니다. 섬세한 특성을 갖고 있죠. 더 수용적이어서 영의 세계의 영향을 더 쉽게 받을 수 있어요.

대부분의 남성들은 그다지 정서적이지 못합니다. 그들의 삶은 감성보다 지성의 지배를 받아요. 삶의 섬세한 힘에 그만큼 덜 민감하고, 감성의 자연스러운 표현인 즐거움을 놓치는 경향이 있죠. 물론 감성이 발달하면 고통처럼 안 좋은 부분도 더 강하게 느끼게 됩니다. 그럼에도 그것은 육체에 속하지 않는 특성의 발달이라 할 수 있어요."

모임의 막바지에서 실버 버치는 키어 하디Keir Hardie(1856 – 1915)★의 영이 옆에 와 있다는 말을 했다. 하디는 귀족 부인이 평소에 흠모하던 사람들 중 한 명이었는데, 바로 그 이유 때문

★ 스코틀랜드 출신의 사회주의자이자 노동운동가. 영국 노동당을 창시했다. 독실한 감리교 신자이자 평신도 설교가이기도 했다.

에 하디가 와 있는 것이며 무언가 전할 말이 있다는 것이었다.

실버 버치가 말했다.

"하디는 위대한 영혼입니다. 서민들에 대한 동정심과 사랑을 갖고 있죠. 그는 최근에 일어난 일들에 대해 유감스럽게 생각하지 않는다고 하는군요. 서민의 권리를 위한 투쟁은 장기적으로 봐야 할 과업이기 때문이라고 합니다. 그는 보통 사람들이 인간으로서의 기본권을 얻기 위해 삶의 사다리를 타고 한발 한발 올라가는 모습을 보고 있어요. 아무것도 그 움직임을 막을 수 없다는 것을 잘 알고 있지요.

그것을 저지하려는 이들은 오래 버티지 못합니다. 어떤 개인이나 계층, 교리도 인간이 본연의 마땅한 권리를 찾는 것을 저지할 수는 없기 때문입니다. 신성한 목적을 일시적으로 좌절시킬 수는 있겠지요. 그러나 신성한 힘이 인간적인 힘보다 강력합니다. 정의를 위해 싸우는 사람들이 이길 수밖에 없는 것이죠. 하디는 언제나 정의의 복음을 믿었습니다.

그의 종교는 자신의 개혁 운동이었고, 세상을 향해 부르짖는 목소리였다고 말합니다. 그 목소리는 더욱더 많은 사람들이 들을 때까지 울려 퍼질 것이고, 사람들은 그것이 영원한 진리의 말씀이라는 것을 결국 인정하게 될 것이다… 이것이 하디가 전하는 말입니다."

실버 버치는 모임을 마무리 지으며 말했다.

"이제 우리 모두가 위대하고 강력한 목표의 매개자라는 사실을 기억하도록 합시다. 언제나 우리를 보호하는 무한한 사랑의 손길이 주변에 있다는 것을 기억합시다. 선한 목적을 위해 우리를 쓰려는 그 힘을 늘 인식하려고 노력합시다. 우리의 삶이 신과 하나되고, 우리의 마음이 신의 마음과 일치할 수 있도록, 각자의 삶을 정돈합시다. 여러분에게 신의 가호가 있길."

참석자들은 격려를 받고 용기와 희망을 얻은 채로 자리를 떠났다.

★ ★ ★

이상은 한 교령회에서 받은 스와퍼의 감상이다. 헌신은 실버 버치가 곧잘 반복해서 말하는 주제로, 또 다른 모임에서는 이렇게 말했다.

"우리가 전하는 가르침의 요점은 '헌신'이라는 말에 함축되어 있습니다. 우리는 여러분 세계의 암적인 존재인 이기심과의 전쟁을 선포했습니다. 우리는 전쟁과 유혈, 혼란과 파괴를 조장하는 유물론을 몰아내려 합니다.

우리의 복음은 서로 도움이 되는 것, 협력, 관용, 공감입니다. 우리는 모든 사람이 서로 헌신하는 법을 배우길 바랍니다. 많이 가진 사람들이 가진 것의 일부를 아무것도 갖지 못하거나 적게 가진 사람들과 나누고, 재능이 많은 사람들이 자신의 재능을 무지의 어둠 속에 있는 사람들을 일깨우는 데 쓰기를 원합니다.

여러분의 세상은 헌신을 필요로 합니다. 인류는 하나이며, 신성한 영이 모두에게 흐르기에 만인은 신 앞에 평등하다는 생각이 널리 퍼져야만 합니다. 인격과 성장, 진화, 이해에서 앞서가는 사람들이 자신들이 가진 것을 뒤처진 사람들과 나누려 하는 일은 위대한 것입니다.

영의 세계를 위해 일하는 사람들, 자신의 재능을 영의 손에 맡기는 사람들은 헌신한 만큼 헌신을 받게 된다는 사실을 늘 깨닫게 될 것입니다. 그것을 일종의 뇌물이나 보상으로 여겨서는 안 됩니다. 인과의 법칙이 이행된 것일 뿐이죠. 가장 많은 것을 준 사람이 가장 많은 것을 얻을 수 있는 게 인과의 법칙입니다.

우리가 하는 일은 거대하게 조직된 운동의 일부로, 지금 우리는 영의 군대에 입대한 것이라 할 수 있습니다. 우리는 진보를 방해하는 세력, 개혁과 인도주의의 확산을 가로막는 모든 세력과의 전쟁에서 주어진 명령을 수행하고 있습니다.

수 세기 동안 소홀히 취급됐던 영적 진리에 인류가 눈뜨도록 이끄는 것이 우리의 임무입니다. 영의 힘이 소수의 사람들에게만 미치는 것으로는 만족할 수 없습니다. 우리는 풍부한 자원과 경이로운 힘이 가급적 많은 사람들에게 쓰이기를 바랍니다. 수많은 이들이 이러한 축복을 나누고, 진리와 지식과 지혜를 영원한 안내자로 삼아 일상을 영위하도록 하는 것이 우리의 바람입니다.

우리는 엄청나게 많은 사람들이 신의 유산으로 받아야 할 삶의 즐거움과 풍요로움으로부터 배제되어 있다는 사실에 경악을 금치 못하고 있습니다. 수백만 명의 사람들이 아사 직전에 몰려 있고 생필품을 공급받지 못하는 상황은 좌시될 수 없습니다. 부의 불공정한 분배를 멀찌감치 관망하고 있을 수만은 없습니다.

우리는 영적인 힘의 위대함이 특정한 계급이나 직업, 선택받은 자를 자칭하는 특정인에게만 있다는 믿음을 거부합니다. 지식의 문을 넓게 개방해서 진리와 깨달음을 열망하는 모든 사람을 받아들이는 것이 우리가 해야 할 일입니다. 그리하여 애도가 지구상에서 추방되고*, 아픔과 질병이 경감되고,

---

* 가까운 사람의 죽음을 애도하는 것은 섭리에 대한 무지로 인해 생긴다는 것이 실버 버치의 주장이다.

새로운 빛과 영감이 많은 이들에게 주어지도록 하는 것입니다.

그것은 엄청난 과업이고 인간은 가능성의 문턱에 서 있습니다. 여러분은 새로운 시대로 들어서고 있습니다. 인류를 위한 새날이 밝아오고 있습니다. 인간이 진리로 가는 길을 가로막는 어리석고 우둔한 교리를 버리고, 무지의 감옥에서 스스로를 해방시켜 신이 원하는 삶을 살 수 있다면, 새 시대가 제공하는 모든 것을 얻을 수 있습니다."

실버 버치는 또 다른 모임에서 다음과 같이 말했다.

"돈을 도둑질하는 사람은 있습니다. 그러나 지식과 지혜를 훔쳐 갈 수 있는 사람은 없지요. 일단 이 귀중한 진리가 여러분의 것이 되고 나면 여러분의 영원한 소유가 됩니다."

이 모임에서 실버 버치는 이완의 가치를 강조했다.

"이완이란 단순히 벽난로 선반에 다리를 올려놓고 의자 깊숙이 몸을 누이는 것을 뜻하지는 않습니다. 모든 육체적 활동을 멈춘 뒤 고요하고 편안한 상태에서 내면의 삶과 평화를 이루는 것을 말합니다. 영의 선천적인 힘이 깨어나 자신의 온 존재를 그 위엄과 권능으로 채우고, 그 힘을 여러분의 통제하에 둘 수 있도록 모든 잠재력을 끌어올리는 것입니다.

여러분의 세계에서는 사람들이 이런 일을 하지 않습니다.

그렇지 않나요? 그들은 깨어 있는 시간에 온통 이곳저곳을 돌아다니며 덧없고 일시적인 즐거움을 최대한 얻어내려고 안간힘을 쓰죠. 그러나 영의 놀라운 풍요와 진리의 귀중한 보석들이 늘 여러분을 기다리고 있어요. 일단 그것들을 손에 넣으면 여러분의 영원한 소유가 됩니다."

몇 년간 모임에 나오지 않았던 한 참석자가 실버 버치를 두고 여전히 감동적이고 매력적인 안내자이며, 이전과 같은 감정과 생각을 표현하고 있다고 언급했다.

"네, 예전과 똑같이 오래된 메시지에 오래된 진리를 전하는 늙은 인도령(spirit guide)이죠. 그러나 그 말을 듣는 세상은 예전과 같지 않습니다. 세상은 변했고, 지혜의 목소리에 점점 더 많은 사람들이 귀를 기울이며 영의 힘을 받아들이게 될 것입니다. 이 진리가 큰 진보를 이뤘습니다."

그런 뒤 여전히 겸손한 태도로 그는 이러한 지식의 전파에 어떠한 역할도 한 게 없다고 말했다.

"그 일은 제가 한 것이 아닙니다. 저는 그런 주장을 할 생각이 추호도 없어요. 그냥 주어진 일을 했을 뿐이고 그 일은 더 방대한 일의 일부분입니다. 그 안에서 우리 모두 헌신하면서 행복을 느끼고 있지요. 엄청난 진보가 이뤄졌지만, 더욱 큰 진보가 기다리고 있습니다. 처음 시동을 거는 게 중요합니다.

여러분의 세계가 더 열린 시야를 갖게 되었으면 합니다. 그리하여 사람들이 주변에 있는 존재들을 볼 수 있었으면 해요."

실버 버치는 뒤에 가서 남편을 잃은 뒤 슬픔에 잠겨 있는 부인에 대해 언급했다.

"지상의 어둠은 어딜 가든 빛을 발하는 많은 영혼들에 의해 밝아지고 있습니다. 그러나 인류는 너무 오랫동안 물질주의적인 습성에 빠져 있었기에 영의 능력이 거의 사장되어 있습니다."

실버 버치는 항상 자신의 위치가 영의 세계의 대변인임을 강조한다.

"저는 저의 한계를 알고 있습니다. 그러나 저의 장점과 능력도 알고 있습니다. 저는 겸허함을 간직하고 있습니다. 그것은 진정한 의미의 겸허함입니다. 저 자신은 아무것도 아니기 때문입니다. 저를 여러분의 세계로 보내 임무를 수행하도록 하신 분들의 도구일 뿐입니다. 그분들은 저에게 그 모든 영향력과 영감을 주시고, 힘을 행사할 수 있게 해주셨습니다. 저 자신은 아무것도 아니지만, 강력한 다수의 영들을 대변할 때면 확신에 차서 말할 수 있습니다. 그분들이 저더러 전하라고 하신 것을 반복하는 것이기 때문입니다. 그분들은 위대한 빛의 존재들입니다. 인류 전체를 이끌고자 애쓰는, 영적으로 높은 진화를 이룬 분들이지요."

교령회를 마무리하면서 실버 버치가 말했다.

"우리는 진지하면서도 유쾌한 시간을 보냈습니다. 우리는 오랜 친구들과의 재회에 기뻐합니다. 잠시 떨어져 지냈던 이들이 다시 하나가 됨을 즐깁니다. 이 일에 헌신하는 사람들은 만사가 순탄합니다.

우리 모임의 근본적인 목표는 진지한 것입니다. 인류의 앞길을 가로막는 모든 위험으로부터 스스로를 구하는 방법을 전하기 때문입니다. 우리는 모두의 가슴을 비추고, 지치고 갈 곳 모르는 사람들에게 길을 안내해줄 수 있는 영의 빛을 드러내고자 합니다. 그것이 의심과 절망으로 가득 찬 시대의 피난처가 될 것입니다."

CHAPTER 2

운명과 자유의지

실버 버치의 오랜 친구가 모임에 왔다. 방문자의 문제 몇 가지를 상담한 뒤, 그는 많은 인도령들과 지상에 있는 친구들 간의 관계에 대해 다음과 같은 말을 했다.

"저의 친구들과 점점 늘어나는 우리 가족 여러분께 사랑을 전합니다. 그리고 그분들에게 제가 비록 보이지는 않지만 늘 곁에 있는 가족 구성원이라고 전해주세요. 이건 그냥 하는 말이 아닙니다. 사실을 말씀드리는 겁니다. 저는 여러분을 결코 저버리지 않을 것입니다. 여러분이 저의 도움을 원할 때면, 그냥 하던 일을 멈추고 저의 이름을 부르시면 됩니다. 그러면 제가 그곳에 있을 것입니다.

저는 늘 최선을 다하고 있습니다. 그 이상 할 수 없을 정
도로 말이지요. 어려운 일이 생기지 않을 거라고 약속드릴 수
는 없습니다. 여러분이 길을 걷다 돌부리에 걸려 비틀거리지
않도록 모든 돌을 치울 수는 없어요. 하지만 결코 넘어지지는
않을 것입니다. 제가 여러분을 떠받치고 지탱할 테니까요.

저는 여러분의 짐을 덜기 위해 어려움을 함께하겠습니
다. 행복을 키우기 위해 기쁨을 함께 나눌 것입니다. 해결할
수 없는 문제가 일어나지는 않을 것입니다. 너무 커서 제거할
수 없는 장애물이란 없어요. 우리 모두가 힘을 합쳐 옮길 테
니까요. 인간의 손만으로 어렵다면 또 다른 손들이 힘을 보탤
것입니다."

결혼에 대한 실버 버치의 견해는 영매 릴리언 베일리^{Lilian}
^{Bailey}의 딸인 도로시^{Dorothy}와 사위인 고든 아담스^{Gordon Adams}와
의 대화 중에 나왔다. 이들은 최근에 결혼했다. 실버 버치는
고든에게 이런 말을 전했다.

"이곳에서 당신을 맞게 되어 정말 기쁩니다. 집에서처럼
편안하게 계셨으면 합니다. 저는 오랜 시간 당신을 인도하기
위해 곁에 머물러 있었어요. 당신에게 시련이 닥칠 때마다 도
움을 드리려 했죠. 어떨 땐 성공적이었지만, 뜻대로 되지 않았
을 때는 늘 주변 여건이 여의치 않았어요."

"이건 정말이지 즐거운 일이군." 그는 사람들 앞에서 혼잣말로 중얼거리다가 다시 젊은 부부에게 말을 걸었다.

"인간은 삶을 세 가지 차원으로 살아갑니다. 인간은 우선 영이며, 정신을 갖고 있고 육체도 갖고 있지요. 인간이 자신의 개성을 완성하기 시작하는 것은 삶의 세 가지 차원이 존재한다는 사실을 의식하고 그 셋의 조화를 배울 때입니다. 자신을 물질의 세계와 그 감각에만 국한하는 사람들은 정신적이고 영적인 삶에서만 얻을 수 있는, 훨씬 크고 깊고 아름다운 기쁨을 놓치게 됩니다. 그리고 정신적이고 영적인 명상에서 오는 내면의 만족만을 추구하는 사람들이 세속적인 책임을 무시한다면, 그것은 이기적인 것입니다.

육체와 정신과 영, 이 셋은 한 삶의 다른 양상들입니다. 신이 부여하신 세 가지 기능을 모두 표현할 수 있는 방법을 깨닫도록 하는 게 우리의 역할입니다. 남자와 여자는 서로에게 상호보완적입니다. 각각 상대에게 부족한 특성을 갖고 있지요. 두 사람이 완벽한 조화를 이뤄서 하나가 될 때 위대한 계획의 완성이 표현되는 것입니다.

불행하게도 지상의 너무나 많은 영혼들이 서로 결합할 때 이 같은 완성을 이루지 못하고 있어요. 두 영혼을 영원히 하나로 묶을 수 있는 위대한 힘의 작용이 없기 때문입니다. 사랑은 우리가 알고 있는 가장 위대한 힘입니다. 사랑은 다른 어떠한 힘도 이룰 수 없는 기적을 일으킵니다. 사랑은 그 자신을 압니다. 사랑은 사랑하는 사람이나 다른 어떤 사람을 위해서도 불행을 바라지 않아요. 그러므로 두 분이 진실한 사랑에 의해 서로를 알아보고 끌렸다는 사실에 기뻐하십시오. 지상에서뿐 아니라 지상의 삶이 끝난 이후로도 오랫동안 기뻐하셔야 합니다.

여러분은 결말을 알 수 없는 여행을 시작하셨습니다. 그러나 손과 손을 맞잡고, 가슴과 가슴, 마음과 마음, 영혼과 영혼이 하나가 되어 영원히 함께 길을 가게 될 것입니다. 이미 사랑의 힘으로 축복을 받은 분들에게 다시 축복을 내릴 필요는 없습니다. 그래서 저는 이 부부에게 축복을 빈다고 말할 필요가 없습니다. 축복은 두 분을 끌어당기고 결합시킨 힘에 의해 이미 성취되었으며, 그 힘이 앞으로 펼쳐질 두 분의 삶을 내내 결속시킬 것입니다.

진정한 결혼, 영속적인 결혼은 두 영혼이 조화를 이루고, 상대방이 진화의 법칙을 완수하도록 돕는 것입니다. 두 분은 정말이지 하나가 되었습니다. 그리고 앞으로의 날들은 축복으로 가득 채워질 것입니다. 문제와 장애, 곤란이 없을 것이란 뜻은 아니에요. 그런 일들을 겪을 가능성이 크죠. 지상의 삶을 거치는 영혼은 온갖 우여곡절을 겪어야만 합니다. 그러나 반드시 이겨낼 것입니다. 그런 일들은 두 분을 해칠 힘이 없어요. 혼자서 시련을 겪을 땐 가끔 매우 힘겹게 느껴질 수 있지만, 둘이서 그런 일을 당하면 곧바로 반 토막이 되기에 결국 큰 문제가 되진 않는 것입니다.

앞으로의 인생은 풍요로움으로 가득 찰 것입니다. 두 분이 다른 사람들을 많이 돕고 계시다 보니, 두 분을 도우려는 존재들을 많이 끌어들이고 있기 때문입니다. 아무것도 두려워할 게 없어요. 두 분 모두 영예로운 약속과 활기로 가득 찬 미래를 기대하셔도 좋습니다.

두 분은 이미 영의 힘이 작용하고 있다는 것을 알고 계세요. 그러나 두 분이 살아온 환경이 썩 적절치는 않았기에, 그냥 가끔씩만 주변의 힘을 인식할 수 있었을 뿐이죠. 그러나 이제는 두 분 스스로의 힘을 통해 영의 세계와의 접촉이 더욱 밀접하게 이뤄집니다. 그리고 그것이 큰 기쁨의 원천이 됩니다.

일단 두 분이 자신을 통해 영의 힘이 작용하도록 하면, 천국으로 가는 길이 열리는 것이죠. 큰 힘이 흘러가는 매개가 되면 아름다움과 지혜, 진리, 사랑, 우정, 동료애가 따라오게 됩니다. 영의 이 모든 속성을 알게 되고, 무슨 일이 일어나든 영의 힘이 늘 두 분을 떠받치고 보호한다는 사실을 느끼게 될 것입니다."

실버 버치는 마침 결혼기념일을 맞은 또 다른 부부에게도 말했다.

"두 분의 기쁨을 함께 나누고 싶네요. 저는 두 영혼이 서로를 발견하고 일치를 이룰 때마다 항상 행복감을 느낍니다. 워낙 드물게 일어나는 일이라, 여러분의 세계에서 이런 일이 일어날 때마다 정말 기쁜 마음이 든답니다. 사랑이 여러분을 따뜻하게 감싸고 있고, 오랜 세월 그 빛이 바래지 않았다는 사실에 기뻐하세요. 그 경이로움과 아름다움과 매력이 여전히 두 분을 감싸면서, 시간이 지날수록 더 큰 기쁨으로 다가오고 있군요. 완전한 일치를 이룰 때 행복을 맛볼 수 있다는 것을 모든 분이 알았으면 합니다. 그러면 사는 게 얼마나 수월해질 까요? 모든 게 훨씬 좋아질 텐데요."

부인이 말했다. "우리는 당신으로부터 많은 도움을 받았습니다. 다른 곳에서는 받을 수 없었던 도움이죠."

"저도 마찬가지였습니다. 두 분이 헌신하셔서 저도 헌신할 수 있었고, 우리가 몰랐던 많은 분들께 위안을 드릴 수 있었죠. 어느 정도로 성공적이었는지, 얼마만큼의 성취를 했는지는 모릅니다. 이미 여러 번 말씀드렸기에 두 분도 이 이야기를 인용하실 수 있을 겁니다. 만일 우리가 어둠 속에 있는 단한 명의 영혼에게라도 빛을 밝혀줄 수 있다면, 그것은 충분한 가치가 있는 일입니다. 그러나 한 명이 아니라 많은 사람들이라고 확실히 말할 수 있겠지요. 언제나 모임 밖의 사람들에게도 시야를 넓혀, 영의 단순한 몇 마디 말이 계시처럼 다가가 자유를 안겨줄 수 있는 사람들이 존재한다는 사실을 잊지 않으셨으면 합니다."

또 다른 모임에서는 최근에 남편을 잃은 참석자가 있었다. 그 부부는 실버 버치의 오랜 친구들이었다.

"당신은 혼자가 아니고 앞으로도 그럴 것입니다."

실버 버치가 단정적으로 말했다. 그녀는 원래 가톨릭 신자였지만, 죽은 딸로부터 메시지를 받은 뒤 신앙을 버렸다. 그녀는 이제 자신에게 살아 있는 아들뿐 아니라 내세에서 잘 지내고 있는 딸도 있다는 사실을 알고 있다. 남편과의 사별에 대해 실버 버치는 이렇게 말했다.

"그것은 감당해야 할 시련입니다. 그러나 사람이 죽으면 어떻게 되는지를 아는 상태에서 그런 일을 겪으셔서 얼마나 다행인지요? 그 사실을 전혀 모르는 상태에서 당하는 것보다 훨씬 수월할 겁니다. 당신이 이겨낼 수 없는 문제나 어려움은 없습니다. 멀리서 그런 것이 나타나도 곧 사라진다는 것을 알게 될 거예요. 영의 힘이 당신을 돕고 있기 때문이죠. 공허한 믿음이 아닌, 사실에 기반한 믿음에서 나오는 평온과 신뢰가 있다면, 그런 분위기에서는 영이 더 많은 도움을 줄 수 있게 됩니다.

두려움을 갖지 마세요. 하루 일을 무사히 마칠 거란 긍정적인 기분으로 매일 아침을 맞으세요. 나약함과 두려움, 의심에 휩싸인, 어쩌면 겁에 질려 있을지도 모를 주변 사람들이 당신을 보고 위안을 얻을 수 있도록 늘 자신에 찬 본보기가 되어주시길 바랍니다. 영의 빛을 발하는 영혼의 등대가 되면, 당신도 영의 힘으로 채워져서 힘을 나눠줄 뿐 아니라 받게도 됩니다. 그래서 많은 것을 이룰 수 있죠.

당신의 남편이 지금 아무런 후회도 하지 않고 있다고 말씀드릴 수는 없겠네요. 더할 나위 없이 행복하고 만족스러워한다고 말씀드릴 수도 없겠죠. 그것은 사실이 아니니까요. 그분은 아직 많은 것을 조정해야 하는 기간이라 정리가 되지 않은 부분들이 있습니다. 새로운 삶에 적응해야만 합니다.

그러나 부정적인 감정이나 스트레스의 많은 부분이 해소되었고, 이전보다 훨씬 좋아진 상태입니다. 그리고 지금은 점차로 당신 주변에 꾸준히 영향을 미칠 수 있는 상태가 되었죠. 이전까지는 시쳇말로 들쭉날쭉했는데 말이에요. 그건 이분의 스타일이 아니었습니다. 꼼꼼하게 챙기길 원하는 분이라 어수선한 부분들을 점차 정리해나가실 거예요."

"남편을 도울 수 있는 게 있을까요?" 아내가 말했다.

"사랑을 보내세요. 그게 그분이 원하는 겁니다. 이렇게 말씀드리는 게 이상할진 모르지만, 그분은 당신에게 너무 많은 걸 의존해왔어요. 그래서 자신이 못했던 많은 일들을 미안해하고 있지요. 자신이 기도서에 나오는 인물 같다고 말하고 있어요. '저는 해야 할 일들을 방치해왔습니다'라고 말하는…. 그러나 이분은 그 모든 것을 해낼 방법을 찾게 될 것입니다. 미래에 대해 약간이라도 두려움을 가지실 필요가 전혀 없어요.

당신이 갖게 될 안전한 느낌을 전할 수 있다면 좋겠어요. 그것은 세속적인 안전함이 아닙니다. 저에게 세속적인 것들은 덧없고 일시적일 뿐입니다. 그러나 영적인 진실에 바탕을 둔 안전함은 그렇지 않습니다. 당신의 앞길은 짜증스럽고 못마땅한 것이 아니라 지나갈수록 점점 넓게 트이는 산뜻하고 밝은 길이 된다는 걸 전할 수 있으면 좋겠어요."

"정말 위안이 되는 말씀이네요." 아내가 말했다.

"그렇게 될 겁니다. 그럼요. 여러분의 세계에선 너무나 많은 사람들이 근심에 빠져 있어요. 이 모든 근심이 사람들을 거대한 안개처럼 에워싸고 있어서 도움을 주고자 하는 존재들을 가로막는 장벽의 역할을 합니다. 개인적으로 드리는 말씀이 아니라 걱정을 하는 모든 분들에게 해당하는 말입니다만, 걱정을 하면 할수록 사랑하는 분을 더 어렵게 만들어놓을 뿐이에요."

모임의 어떤 회원이 말했다. "대부분의 사람들은 그 정도로 확신을 갖지 못하고 있어요. 영적인 지식도 없는 데다 걱정할 만한 이유를 다들 갖고 있지요."

"알고 있습니다. 그런데 영적인 지식이 있는 분들도 때론 걱정을 해요. 그 점이 제가 이해할 수 없는 부분입니다. 여러분 모두에게 말할 수 있습니다. 여러분의 세상에서는 아무것도 걱정할 게 없다는 것을요. 인간이 가질 수 있는 가장 큰 공포는 죽음의 공포인데, 죽음은 두려워할 필요가 없고, 삶은 영원하며 여러분도 영생불멸의 존재입니다. 그리고 여러분을 지킬 온갖 수단까지 제공받고 있음을 알고 난 뒤라면, 도대체 무엇 때문에 두려움을 안고 있어야겠습니까?"

모임의 방문객이 말했다. "우리는 괴로움을 떠안고 있습니다. 가끔은 뚜렷한 이유도 없이 그러고 있죠."

"괴로움을 예상하는 것이 괴로움 자체보다 더 큽니다. 실제로 벌어진 결과보다 그것을 두려워하는 마음이 더 나빠요."

실버 버치의 말에 모임의 한 회원이 대꾸했다. "당신은 많이 진화된 영혼이니 그런 식으로 말씀하시지만, 일반적인 사람들은 대부분 그렇지 않기 때문에 신의 섭리가 완전하게 구현된 상태를 볼 수가 없습니다."

"저는 제가 알고 있는 것에 대해 말씀드리는 것입니다. 저는 여러분이 범접할 수 없을 정도로 진화한 존재가 아니에요. 여러분이 갖고 있는 모든 문제를 알고 있지요. 여러분의 세계에서 오랜 세월을 살아봤습니다. 지금도 여러분과 가깝게 있고 여러분의 모든 어려움 속으로 들어가보기도 했죠. 지금 돌이켜 보아도 극복할 수 없는 일이라곤 하나도 없었다는 것을 알 수 있습니다.

두려워하지 마세요. 영의 힘이 기적을 일으키지는 못합니다. 기적은 존재하지 않기 때문입니다. 그러나 사람이 필요한 조건을 갖추기만 하면, 영의 힘은 경이로운 일을 해낼 수 있어요. 우리는 지상의 존재가 아닙니다. 영의 세계에 있기 때문에 우리가 지상의 일을 성취할 수 있는 수단을 여러분이 제공해주셔야만 해요. 여러분이 우리의 손이고 몸인 것입니다. 성의를 가지고 임해주신 분들은 결코 후회하지 않을 겁니다."

실버 버치가 남편과 사별한 참석자에게 말했다. "부인께서 큰 따님을 보실 수 있다면 얼마나 좋을까요?"

"오, 정말 그랬으면 좋겠어요." 그녀가 진심 어린 말투로 대답했다.

"부인과 거의 비슷한 키가 되었습니다. 그리고 따님과 남편께서 서로를 많이 사랑하고 있어요. 제 말이 도움이 되길 바랍니다. 많은 말씀을 드리진 못했지만요."

"정말 큰 도움이 됐어요."

"저는 당신의 친구이고, 앞으로도 늘 곁에 있을 겁니다."

실버 버치가 다시 사람들에게 말했다.

"우리는 큰 가족이고 저는 그 모든 분을 도와드리려 하고 있습니다. 오늘 밤 이곳을 떠나실 때 빈손으로 가시는 게 아닙니다. 영의 힘, 우주에서 가장 고귀한 힘이 여러분과 함께 가면서 늘 곁에 머물 것입니다. 저도 여러분이 원한다면 함께 가겠습니다."

남편과 사별한 그 방문자가 질문을 했다. "제가 사랑으로 도움을 줄 수 있다고 하셨는데요. 모든 생각이 도움이 되나요? 지식도 도움이 될 수 있는 거겠죠?"

"그렇습니다. 남편께서 부인에게 지속적으로 많은 것을 의존하고 있기 때문이에요. 남편이 아직도 지상과 매우 가까운 곳에 계시고, 상당히 오랫동안 그렇게 계실 거라는 점을 인식하셔야 합니다. 그래서 우리보다는 부인께 다가가는 게 더 쉬운 거죠. 남편은 부인께서 주저하거나 망설이지 않는 모습을 느끼고 싶어하세요. 바위처럼 굳건한 모습을 보이시면 그것이 남편에게 위안이 됩니다. 사랑의 마음을 보내시면 그분에게 두

툼한 외투를 둘러주시는 것과 같아서 큰 도움이 됩니다."

"그 말씀을 듣고 나니 훨씬 보람된 일이란 생각이 드네요." 부인이 말했다.

"사랑으로 인해 보람된 일이 됩니다. 사랑은 언제나 가치 있는 것이죠. 사랑은 사거나 팔 수 없어요. 아무런 대가 없이 주어질 뿐입니다. 그러나 일단 전해지기만 하면, 여러분의 세계에서 알려진 그 어떤 물질적인 힘보다 강력한 영향력을 미칩니다. 남편이 걱정할 필요가 없다는 걸 느낄 수 있도록 사랑과 신뢰를 보내세요. 점차 그분 안에서 영의 힘이 자라나게 될 겁니다. 자신이 활용할 수 있는 힘과 행사할 수 있는 영향력에 대해 점점 더 많이 배우게 돼요. 그러나 그 일엔 시간이 걸리죠. 지상에 부인과 가족이 있기 때문에 늘 강한 자기적 (magnetic) 끌림이 존재하게 됩니다. 그러니 밝은 마음으로 미래를 맞으세요. 낙담하실 이유가 전혀 없습니다. 차츰 아시게 될 겁니다. 확실하게 말씀드릴 수 있어요."

"네, 이미 느끼고 있어요. 그렇게 될 거란 확신이 생기네요."

가톨릭의 교리를 거부하도록 만든 것도 질문을 멈추지 않는 참석자의 이런 태도였다. 그녀는 교령회에서 질문을 던졌고 답을 얻었다. 어린 딸이 여전히 존재하고 있다는 확실한 증거도 얻어냈다. 그런데 시간이 흐른 뒤 남편이 사고로 세상을 뜬 것이다.

그녀는 왜 사고처럼 보이는 것이 존재하는지 알 수 없었다. 인도령이 우주의 섭리, 인과의 법칙이 존재한다고 말했기 때문이다. 아직 한창나이인 남편은 예정된 시간이 되기 전에 죽은 것처럼 느껴졌다. 그녀는 친구들과 이 문제를 논의한 뒤 실버 버치의 답을 듣기 위해 다시 모임에 참석했다.

"부인의 남편은 예전보다 더 행복해하고 있어요. 이제 많은 것을 내려놓았고, 더 이상 조급하게 애를 태우지도 않지요. 진작 그랬어야 했다고 생각합니다. 이제는 자신이 어디에 있는지도 알고 무엇을 할 수 있는지도 배웠어요. 남편의 능력이 죽음으로 손상되지 않았다는 것을 아시게 될 겁니다. 오히려 전보다 좋아졌지요. 부인께 해드리고 싶은 게 많다고 하시네요. 조만간 그 일을 하실 겁니다. 그러니 평정심을 갖고 일상을 마주하세요. 남편의 힘과 사랑이 부인을 돕고 최선의 결과를 얻을 수 있는 길로 인도하리란 것을 명심하시고요. 그분은 정신적으로 평온한 상태이고, 불안한 기운은 사라졌습니다."

"정말 다행이네요." 부인이 말했다.

"지금 남편은 따님과 함께, 부인과 얼마나 가까이 있는지를 입증하는 것 이상의 일을 하려 하십니다. 그러나 남편은 부인께서 우주가 사랑과 지혜로 이루어져 있다는 것을 알길 원하세요. 유한한 눈으로 삶의 전체적인 계획을 보는 것은 가능하지 않지만, 법칙이 작용하고 죽음 이후의 삶이 있다는 것을 알면 그러한 이해에 바탕을 둔 믿음이 현재의 불확실한 모든 것을 견딜 수 있게 해줍니다. 남편께서 이 말씀을 직접 하신 것은 아니고 제가 하는 말이긴 하지만, 남편께서 전하고자 했던 말인 것은 사실입니다. 기운을 내시고 염려하지 마세요. 영의 힘에 감화를 받은 사람은 걱정할 필요가 없습니다."

그런 뒤에 대화는 일전에 어떤 회원이 치유와 질병에 대해 언급했던 내용으로 넘어갔다.

"만일 사람들이 법칙을 어겨 병이 났는데도, 죗값을 치르지 않는다는 것은 불합리해 보입니다."

참석자의 말에 실버 버치가 대답했다.

"죗값을 치릅니다."

그러자 참석자가 반박을 했다. "치유사를 통해 병이 낫는 것은 간단한 해결책 같은데요."

"어떤 사람도 그릇된 행동의 결과를 면할 수는 없습니다."

실버 버치의 대답에 참석자가 반문했다. "어떤 사람이 법칙을 어겨 병이 났는데 그 병이 치유사의 능력으로 사라졌다면 벌을 모면하는 것 아닌가요?"

"그렇지 않습니다."

"어떻게 설명이 될 수 있는 건가요?"

"어떠한 법칙도 잘못의 결과로 병을 얻는 것을 막을 수는 없습니다. 치유사가 하는 일은 기간을 단축시키거나, 병을 고치거나, 준비가 된 영혼에게 영향을 미치는 정도에요. 이것은 단순히 잘못된 행동과 처벌의 문제를 뛰어넘습니다. 영혼 그 자체의 문제가 개입되어 있죠.

종종 영혼은 슬픔이나 질병이 동반되기 전까지 스스로를 발견하지 못하는 경우가 있어요. 물질계에서는 위안이나 희망이 지속되지 못한다는 것을 깨달을 때, 비로소 영혼이 드러나기 시작합니다. 오랫동안 잠들어 있던 영이 깨어나는 것이죠. 치유사는 그 부분을 건드리고 자극할 수 있습니다. 새로운 이해가 눈뜨기 시작하는 거죠.

삶 전체는 정신과 육체, 영의 상호작용으로 이루어져 있어요. 불행히도 너무나 많은 사례에서 영의 활동이 지극히 제한적이라, 그것의 특성과 재능이 매우 작은 범위에서만 표현됩니다. 영적인 치유를 통해 병든 사람의 영혼이 스스로 깨어날 수 있게 하는 것도 한 가지 방법이에요."

질문자가 말했다. "예컨대 법칙을 어겨서 한 달간 병을 앓았어야 했던 사람이 영적인 치유의 개입으로 단지 일주일만 앓게 된다는 말씀처럼 들리는데요."

"기간은 문제가 되지 않아요. 이것은 영의 문제입니다. 며칠이나 몇 주에 걸쳐 이뤄지는 것보다 더 큰 체험을 단지 몇 초 만에 할 수도 있는 겁니다. 영적인 것을 단지 물리적인 척도로만 판단해서는 안 됩니다. 영적인 것은 영적으로 파악해야 해요. 영적인 사건의 가치를 물리적인 기간으로 평가할 수는 없는 것입니다. 더군다나 치유사가 증세를 완화시키거나 고칠 수 있다는 것은 법칙이 작용한다는 증거입니다. 그리고 그 환자의 영혼이 그러한 도움을 받을 단계에 와 있다는 뜻이기도 해요. 어떠한 일도 우연히 일어나는 법은 없습니다."

모든 것을 듣고 있던 그 미망인이 물었다. "어떠한 일도요?"

"어떠한 일도."

실버 버치가 낮은 목소리로 답했다.

"저는 부인께서 무슨 생각을 하는지를 압니다. 그러나 그것은 모두가 법칙의 일부입니다. 인과의 법칙, 법칙 안의 법칙이죠."

그녀가 계속해서 말을 이었다. "남편이 죽었을 때, 저는 그것이 큰 계획의 일부라는 것을 믿을 준비가 되어 있다고 말했죠. 당신도 제 말을 들었을 텐데요. 그런데 당신은 그때 남편의 죽음이 뜻하지 않은 사고였다고 대답했어요. 그래서 제가 말했죠. 우연이기도 하고 운명이기도 한 일 같은 건 존재할 수 없다고요."

"저는 신이 과오를 범했다는 의미에서 사고라고 말씀드렸던 것은 아닙니다. 법칙 안에도 법칙이 존재합니다. 법칙 속에 또 다른 차원의 법칙들이 있는 것이죠. 최대한 명쾌하게 설명해 드리겠습니다. 제가 말씀드렸던 것은, 그날 죽은 게 남편의 계획은 아니었다는 것입니다."

"하지만 우리가 어떤 날에 죽건, 그게 우리의 계획인 것은 아니잖아요?"

"부인은 아주 어려운 문제를 건드리고 계시군요. 실제로 그것을 계획하는 경우가 있기 때문입니다."★

"남편이 만약 다른 사람하고 결혼했다면 인과의 법칙이 다르게 작용했을 거라고 봐요. 그날 남편의 죽음이란 결과로 이어진 어떤 원인이 생겨나지 않았을 테니까요. 너무 복잡하게 생각하는 건가요?"

"아니요, 복잡하지 않습니다. 삶 전체는 법칙의 지배를 받습니다. 숙명, 천명, 운명, 이러한 것들은 수 세기 동안 철학자들의 골머리를 썩여온 문제들이죠. 사실을 말씀드리자면, 법칙들 안에 법칙들이 존재한다는 것입니다. 개인이 통제할 수

★ 인간이 환생을 하기 전에 그 삶의 대략적인 윤곽을 미리 계획한다는 것은 영계의 메시지들에서 공통으로 등장하는 설명 중 하나다.

없는 우주의 가장 근본적인 법칙이 있습니다. 그리고 불가피한 결과를 낳는 원인을 만든다는 의미에서 개인이 통제할 수 있는 다른 법칙들이 존재합니다. 이해가 되시나요?"

"네."

"꼭 그날 세상을 떠야 했던 것은 아니라는 의미에서 그것은 사고였습니다. 그럼에도 그것은 원인과 결과의 법칙이 작용한 것이었어요."

"그렇다면 그 원인으로 인해 사고가 일어났다는 건가요?"

"그렇습니다. 제 얘기는 남편분의 사망이 그렇게 운명지어져 있지는 않았다는 것입니다."★

"자유의지에 관한 넓은 시야를 제공하는군요. 하지만 자유롭다고만 할 수는 없네요." 그녀의 대답이었다.

"그렇습니다. 넓은 시야를 제공하면서 또 다른 시야도 제공하지요. 그 당시에 도달한 진화 단계에 따른 것인데요. 부인

★ 이 문제에 대한 심령주의의 또 다른 설명은 이렇다. 인간은 태어나기 전에 출생배경이나 결혼, 직업, 사망 시기 같은 굵직한 뼈대를 미리 계획하고 결정한다. 뼈대에 어떤 살을 붙일 것인지는 각자의 자유의지에 달려 있다. 그런데 자유의지를 좋은 쪽으로든, 그렇지 않은 쪽으로든 계속 일정한 방향으로 행사하다 보면 애초에 정해졌던 뼈대가 바뀌는 일도 드물지 않게 있다는 것이다. 그러나 인간이 늙고 죽는 사실 자체는 변함이 없다는 점에서 자유의지로써 운명을 벗어나는 데는 엄연한 한계가 있다. 그리고 태어나기 전에 뼈대를 설계하는 일에도 각자의 자유의지가 반영되기 때문에, 자유의지와 운명의 관계는 우리가 생각하는 것보다 훨씬 복잡미묘하다고 할 수 있다.

은 성격이 다른 질문들을 하고 있는 것입니다. 결국은 법칙이 모든 것을 지배한다는 가장 기본적인 사실로 돌아가게 됩니다. 그러나 생명은 영이며 영은 생명입니다. 여러분도 영이에요. 삶의 계획이 펼쳐지도록 도울 수 있는 힘이 여러분에게 있습니다. 창조의 무한한 과정에서 자신의 역할을 하는 것이죠.

여러분이 어떠한 상황에서도 따를 수밖에 없는 법칙이 존재합니다. 그리고 따르지 않을 경우 원인을 만들게 되는 또 다른 법칙들이 있는 것이죠. 마치 씨앗처럼 그 원인에는 반드시 따라야 하는 결과가 내포되어 있어요."

"의식적으로, 고의적으로 그 결과를 피할 수도 있나요?"

"그 시기의 영혼의 진화와 관련된 문제입니다."

"만약 어떤 사람이 늘 최선을 다해 선하게 살려고 한다면, 선한 원인을 만들어내고 있는 건가요?"

"꼭 그런 것만은 아닙니다. 지식의 문제가 중요하기 때문인데요. 삶의 영적인 측면에 대한 지식이죠. 선하지만 무지한 사람들이 있습니다. 그 무지로 인해 법칙을 어기게 돼요. 착한 아이가 불 속에 손을 집어넣을 수 있습니다. 그 불은 아이의 선악과 무관하지만 손에 닿으면 화상을 입히죠. 만일 그 아이가 불이 위험하다는 것을 알고 있다면 불 속으로 손을 들이밀지 않았을 겁니다. 그것은 각자가 가진 지식에 달려 있어요.

이 문제가 영혼의 진화에 따라 조정된다고 말씀드린 이유가 바로 그 때문인데요. 원인에는 항상 결과가 따릅니다. 그것은 인간의 믿음이나 소망과는 무관해요."

"윤리도 마찬가지겠죠." 그녀가 말했다.

"마찬가지입니다. 만일 결과가 원인과 분리된다면, 우주는 이해할 수 없게 되고 정의와 지혜가 실종됩니다. 바다에 코르크를 던지면 수면 위로 뜹니다. 쇳덩이를 던지면 가라앉죠. 코르크가 가라앉거나 쇳덩이가 뜨는 일은 없어요. 자연의 법칙을 따라야 하는 것입니다. 인간은 선할 수도 있고 악할 수도 있습니다. 인간이 무슨 일을 하든, 행동에는 그에 상응하는 결과가 있어요. 지식을 키우고 진화를 이루면, 법칙에 대한 더 큰 인식을 얻게 되고 자신의 삶을 통제하는 법을 알게 됩니다."

치유에 대한 질문을 처음 꺼냈던 사람이 말했다.

"우리가 해야 하는 것은 법칙에 대해 가급적 많이 배우는 것이군요."

"그렇습니다. 이 지점에서 다시 당신의 질문으로 돌아갈까요? 지식을 활용해 다른 사람들을 돕는 것은 지식을 가진 자의 의무입니다. 영의 힘을 드러낼 수 있는 사람들도 그것으로 다른 사람들을 도울 의무가 있죠. 그렇게 해서 그들은 영혼의 성장을 이루게 됩니다. 우리는 다른 사람들에 대한 무관심이나 무시, 냉담의 태도를 버리고 친절과 자비, 연민과 공감, 헌신의 태도를 가져야 합니다. 영혼이 깨어난 사람은 타인의 고통을 외면하지 못합니다. 형제의 아픔이 나의 아픔이고, 형제의 슬픔이 나의 슬픔이 되는 것이죠."

전직 감리교 목사인 사람이 말했다. "예수께서 '너희를 위하여 보물을 하늘에 쌓아두라'고 하신 말씀이 곧 삶을 지배하는 영적인 법칙에 대한 지식을 언급하신 거로군요."

"그렇습니다. 그 보물은 영의 보물입니다. 행동으로 표현된 영혼의 특성이죠. 여러분 자신의 영적인 존재를 강화하고 표현하고 키워야 합니다. 여러분의 영적인 성장이 하늘나라의 영원한 보물이니까요. 저는 제가 배운 법칙만을 밝힐 수 있을 뿐입니다. 핵심을 말씀드리면 불변의 진리가 존재한다는 것입니다.

여러분이 진리가 이끄는 대로 산다면, 가장 풍요롭고 충만한 결과를 얻을 수 있을 것입니다. 진리를 무시하면 삶은 공허하고 무의미해져요. 여러분의 영혼, 여러분의 영, 그것이 영원한 소유물이고, 물질적인 몸에서 벗어난 뒤 여러분이 갖게 될 모든 것이죠."

CHAPTER 3

학교 교사의 고민

영적인 문제로 고민 중인 학교 교사가 모임에 나왔다. 실버 버치는 평소와 달리 이 교사에게 말을 걸면서 모임을 시작했다.

"당신에게 질문을 받기 전에 먼저 하고 싶은 말이 몇 가지 있습니다."

보통 때는 실버 버치가 질문이 있는지를 물으며 시작하지만 이날은 달랐다.

"당신은 수많은 문제들에 직면해왔습니다. 난처한 일들을 해결해야 했고, 수없이 반성하며 속을 태우기도 했지요. 수많은 갈등과 의견 충돌 속에서도 이성이 명하는 지혜의 길을 따르고 있다는 사실에 만족하며 그 모든 일을 속으로 삭여야 했습니다. 그리 쉽지는 않은 일이었죠. 늘 성실하게 최선을 다하는 데다 남들도 그렇게 해주길 바라는 분이니까요. 무슨 뜻인지 아시겠어요?"

"정말 그렇습니다." 방문자가 대답하자 실버 버치가 말을 이었다.

"학식을 쌓은 분들은 이성의 빛을 따라야 한다는 점을 말씀드려야 할 것 같습니다. 영들이 물질계로 돌아오는 목적은 신이 부여한 모든 재능을 펼쳐낼 수 있도록 사람들을 격려하는 데 있어요. 지식을 탐구하고 지혜와 진리를 추구함에 있어, 이성을 저버리고 정의의 눈을 가린다든가 상식을 무너뜨리는 일이 있어서는 곤란합니다. 우리 영들도 여러분과 매우 비슷한 존재들입니다. 여전히 인간적이며, 실수를 하는 일도 많죠. 결함도 많고요. 오류가 없다든가 완벽하다고는 생각지 않습니다. 삶의 여정을 여러분보다 약간 더 나아갔고 조금 더 배웠다는 것, 원인이 만들어내는 결과를 인식한다는 차이점이 있을 뿐입니다.

우리는 인류를 돕고 싶습니다. 진리를 전함으로써 우리가 지상에 있을 때 저지른 잘못을 피할 수 있게 해드리고 싶어요. 신성한 힘을 통해 여러분의 세계가 더 행복하고 자유롭고 풍요로운 곳이 되기를 바랍니다. 그리고 너무 많은 부적응자와 미처 준비되지 못한 영혼들이 영의 세계로 넘어오는 바람에 애를 먹는 일이 더 이상 없었으면 합니다.

그러나 그보다 더 중요한 것이 있어요. 우리와 협력하는 모든 분은 절대로 자신의 이성이나 판단력, 자유의지를 포기 하는 일이 없어야 합니다. 우리는 협력을 통해 일합니다. 독재 적인 권력을 추구하지 않으며 여러분을 로봇처럼 취급하고 싶 지 않습니다. 죽음의 심연이 사이에 놓여 있긴 하지만, 동료로 서 손을 맞잡고 수많은 이들에게 육체와 정신과 영의 자유를 안겨줄 진리의 전파라는 공동의 목표를 향해 함께 일하기를 열망합니다. 아무리 고귀하고 박식하고 진화된 영일지라도 여 러분의 본성에 맞지 않거나, 불합리하고 부당한 요구를 한다 면 거부하셔야 합니다. 여러분에겐 자유의지가 있으며, 자신 의 삶에 대한 개인적 책임이 있기 때문이죠.

우리가 여러분의 삶을 대신 살아드릴 수는 없습니다. 여 러분을 돕고, 안내하고, 격려할 수는 있어도, 여러분이 져야 할 책임을 우리 어깨 위에 올려놓을 수는 없는 일이죠. 우리는 여러분이 가슴 벅찬 삶을 살길 염원합니다. 모든 재능과 능력 이 최대한 발현되는 삶을요. 그러면 지상의 삶의 목적에도 충 실하고, 죽음 이후의 삶에도 대비가 됩니다. 저를 오랫동안 알고 지낸 분들은 이견이 없으시겠지만, 저는 이성이야말로 최고의 결정권자라고 생각하는 사람이에요."

그 교사는 조언과 격려에 감사를 표하면서, 지난 몇 년간 너무 힘들었기에 그런 격려가 필요했다고 덧붙였다. 그는 심령주의의 보급에 어떻게 보탬이 될 수 있을지를 질문했다.

"여러분의 세계는 다양한 형태의 헌신을 필요로 하고 있습니다. 발을 들일 준비만 되어 있다면 헌신의 길이 열릴 것입니다. 남들처럼 당신도 문이 열리는 것을 발견할 것입니다. 그 문을 따라 들어가면 더 넓은 방이 나오죠. 미래는 과거의 산물입니다. 무슨 일이 일어나든 도움이 될 수 있어요. 그 일을 통해 다가올 미래에 당신을 인도할 무언가를 볼 수만 있다면요."

교사가 말했다. "저는 어느 정도 지식을 쌓을 수 있었기에 지난날이 나름 괜찮았다고 생각합니다. 크게 도움되는 일들도 있었고, 현재의 의식 단계에 이르기까지 겪어야 했던 경험들도 있었죠. 이제 저는 인생의 2막으로 들어가고 싶습니다. 제가 얻은 약간의 지식과 앞으로 얻게 될 지식들을 사람들에게 전하며 실질적인 도움이 되고 싶어요."

"아주 훌륭한 생각입니다. 지식의 전파에 협력하겠다는 호소가 영들에게 무시되는 일은 없다고 말씀드려야겠네요. 인류를 도우려는 열망을 지닌 존재들의 인도를 받는다면 당신이 할 수 있는 일은 많아요."

교사가 말했다. "정말 그렇게 되길 바랍니다. 가능하다면 영들의 작은 그룹과 일해보고 싶어요."

"저와 함께 영계에서 몇 년을 보냈던 분들이 두 분 있습니다. 제 생각엔 우리가 함께 봉사할 수 있는 팀을 꾸릴 수 있을 것 같은데요. 가능하고 적절한 규모인 것 같아요. 그분들도 당신과 일할 것입니다. 여러분을 결속시키는 것은 사랑과 동료애이기 때문입니다. 그 점에 관해서라면 두려움을 가지실 필요가 없어요.

하지만 당신은 자유의지를 부여받은 존재이며, 판단력을 놓지 말아야 한다는 것을 명심하셔야 합니다. 당신은 능력을 최대한 발휘해 헌신할 준비가 되어 있다는 태도를 취하셔야 해요. 길이 분명하게 열리길 원하고 확신하면서요. 계획이 착착 진행되겠지만 서두르지 않으셔야 합니다. 이런 종류의 일은 여러분의 세계에 메시지를 전하는 과정에서 어려움에 부딪히곤 하죠. 각각의 요인들이 조심스럽고 정교하게 맞물려 있기에 물질계 쪽 사람들의 과오로 계획 전체를 망쳐버리는 일이 생기는 거죠. 제 말이 잘 전달되고 있나요?"

"네, 일이 얼마나 조심스레 진행되는지 알 것 같습니다. 그간의 좌절도 이제 이해가 가네요."

"점검하고 재점검하면서 일을 진행합니다. 우리 모두가 참여하고 법칙의 통제를 받는 계획이 있어요. 우리 모두를 위해 세심하게 준비된 계획이죠. 여러분의 세계에서는 결과를 얻는 방법이 두 가지 있습니다. 하나는 지름길입니다. 많은 사람들의 시선을 끌 수 있는 충격적인 사건을 통해 최대한 빠른 방법으로 호소하는 것인데요. 이 방법에도 장점은 있지만, 효과가 오랫동안 지속될지는 의문입니다. 쉽게 얻어진 것은 그만큼 소중함이 덜하니까요.

또 다른 방법은 각각의 영혼이 시련과 노고와 곤란을 통해, 슬픔과 고통, 질병과 애도를 통해 스스로 배우는 것이죠. 번뇌에 찬 영혼이 간절한 마음으로 도움을 바랄 때, 본연의 상태로 돌아가게 됩니다. 그렇게 영혼의 토양이 준비를 갖출 때, 진리의 씨앗이 싹틀 것입니다. 그런 방법을 통해 성취된 것은 쉽사리 잊혀지지 않죠."

그러자 교사가 말했다. "저는 직업이 교사라서 그런지 청소년들에게 관심이 많아요. 이곳에서 전해지는 가르침을 소개할 수 있으면 좋겠습니다. 제 손을 거치는 아이들을 돕고 싶어요. 어떤 아이들은 이미 전쟁 통에 죽어 저승에서 도움의 손길을 기다리고 있을 테죠. 전쟁으로 인해 생활에 적응하지 못해 뒤처지는 아이들도 있고요. 졸업한 아이들에게 긍정적인 철학

과 종교를 전하는 매개 역할을 할 수 있을 것 같아요. 또 더 큰
모임에서 글을 쓰거나 생각을 표현할 수 있었으면 합니다. 강
의도 할 수 있으면 좋겠어요."

실버 버치가 말했다. "그처럼 바람직한 소망을 실현하
지 못할 이유는 없습니다. 다만 첫 번째로 말씀하신 것에 관
해서는 조심스럽게 접근할 필요가 있어요. 일반적으로 젊은
이들에게 이런 이야기를 전해줄 수는 있겠지만, 제가 당신이
라면 특정한 용어는 피할 것 같습니다. 사람들이 '심령주의
(spiritualism)'라고 부르는 것에 대해 가끔 말씀드렸지만, 그건
사람들이 붙인 이름에 지나지 않고, 저에겐 자연의 법칙일 뿐
입니다.

여러분이 심령주의에 대해 말을 하면, 특히 이런 이야기
에 익숙지 않은 사람들에겐 말 자체가 뭔가 무서운 의미를 담
고 있는 것처럼 보이게 됩니다. 그냥 자연의 법칙에 대해 말
씀하시는 건 어떨까요? 아직 많은 부분이 미개척 상태로 남아
있는 인간의 잠재력에 대한 법칙이랄까요? 표면적인 현상의
밑바탕에 존재하는 영역에 관한 법칙, 물질을 초월하는 세계,
인간 존재의 더 정묘한 측면에 속하는 능력에 대한, 물질적이
고 정신적이고 영적인 법칙… 오해를 유발할 수 있는 '심령주
의'나 '영매술' 같은 단어를 쓰지 않고도, 얼마든지 설명할 수

있어요.

속임수를 쓰시란 말이 아닙니다. 진리는 많은 측면을 갖고 있습니다. 어떤 특정한 용어에 의미를 부여하지 않고도 진리를 충분히 드러낼 수 있어요. 당신은 세상에 환멸을 느끼는 많은 사람들에게 지식을 전파하면서 도움을 줄 수 있습니다. 만나는 사람들에 자신이 체험했던 것을 말할 수 있을 겁니다. 어떻게 죽은 이들과 소통할 수 있었는지, 그들이 무슨 말을 했는지를 말이죠. 생각보다 훨씬 많은 사람들이 들을 준비가 되어 있다는 것을 알게 될 겁니다. 물론 귀담아듣지 않는 사람도 있고 무시하는 사람, 당신을 별난 존재로 취급하는 사람도 있겠지만요."

교사가 말했다. "들은 뒤에 시간이 흐르면 씨앗이 자라겠지요."

"영혼이 받아들일 준비가 되어 있지 않으면, 당신이 할 수 있는 게 없어요. 영혼이 먼저 자신을 발견해야 하기 때문입니다. 그러나 많은 경우 준비된 영혼이 깨우침을 얻기 위해 당신과 만나게 될 것입니다."

모임의 한 회원이 끼어들었다. "실제로 젊은이들은 결국 어떤 식으로든 반응을 보이더라고요."

"그렇습니다. 무슨 말을 하든, 설령 듣는 사람이 거부한다

해도, 잠재의식에는 입력이 됩니다. 때가 되면 그 말이 기억에 떠오르면서 변화를 일으키기 시작하죠."

교사가 질문을 했다. "제가 하게 될 일은 심령주의 교회와 연관된 건가요, 아니면 그 영역 밖의 일인가요?"

"제 관점에서 말씀을 드리자면, 특별히 어떤 조직 안에서 일을 하기보다 더 넓은 활동 범위를 갖게 되실 듯해요. 어떤 교회와도 얽히면 안 된다는 뜻은 아닙니다. 가끔씩 그런 곳에서도 일하지 못할 이유는 없겠지만, 그런 일이 주가 되진 않을 것 같아요. 당신은 이런 종류의 교회에 다가가지 못하는 사람들에게 손을 내미는 게 가능하실 텐데요. 당신이 속해 있는 연결망은 그쪽에 닿아 있습니다. 자신만의 세계로 들어가보세요. 당신은 사람들에게 영향을 미칠 수 있습니다. 당신이 들어가게 될 세계는 교회로 향해 있지는 않아요."

"아무래도 그런 것 같습니다."

"여기 도착하기 전에 당신이 말하는 걸 들었어요. 훌륭한 영매의 인도령은 기질이 비슷한 사람들하고 일하고 싶어한다구요."

"제가 적어둔 첫 번째 질문이었습니다." 교사가 대답했다.

"당신과 기질이 맞는 사람들은 교회가 아니라고 말하고 싶네요. 그들은 다른 방식으로는 접근할 수 없는 사람들에게 다가가는 좋은 역할을 하고는 있지만, 우리는 바로 그 다른 방식들도 활용되길 바라고 있는 거죠."

다음은 교사의 개인적 질문에 대한 실버 버치의 답변 중 일부이다.

"일어나는 모든 일은 인과의 법칙을 따르지요. 이것은 인생의 쌍두마차 같은 힘입니다. 결과는 꼼꼼한 정확성을 가지고 원인을 따를 수밖에 없어요. 원인도 그 자체로 또 다른 원인의 결과일 뿐입니다. 그리고 삶 전체를 통틀어 무한한 경우의 수 속에서의 끝없는 연결고리가 있습니다. 그러나 그 어느 것도 상실되지 않아요. 진리는 진리로 남습니다. 변색이 되지 않죠.

모든 그릇된 것은 소멸하게 되어 있습니다. 그러나 진리는 아무리 공격을 받아도 자신의 왕관을 떨어뜨리지 않습니다. 진리이기 때문이죠. 일단 진리를 얻고 나면 잃을 수가 없어요. 진리는 모든 게 풍비박산 나고 인생이 진창으로 곤두박질치는 것처럼 보일 때 큰 도움이 되어줄 것입니다. 당신이 안심하고 쉴 수 있는 확고한 토대를 제공할 테니까요."

이때 교사가 사적인 어려움을 토로했다. 그에게 도움을 주는 영매들이 물질적인 문제에서만큼은 제대로 된 조언을 주지 못한다는 것이었다. 모임의 한 회원이 말했다. "그 영매들은 그런 목적을 가진 영매가 아니겠지요."

실버 버치가 말했다.

"그렇기도 하고, 덧붙여 말씀드리고 싶은 게 있어요. 그러한 정보가 질문을 하지 않은 상태에서 나온 것이라면, 당신의 질문에 대한 대답으로 주어지는 것보다 영의 세계로부터 나왔을 가능성이 크다는 거예요. 순전히 물질적인 차원의 질문은 그 당시에는 중요하게 보일지 몰라도, 50년이 지난 뒤까지 중요하진 않을 겁니다. 그래서 그런 질문은 영매에게 일종의 난제를 떠안기는 거예요. 즉각적으로 영매의 힘을 자극하지요."

"무의식적인 힘을요?"

"네, 모든 영매술은 무의식적인 마음을 활용하기 때문이죠."

"저는 종종 일에 관한 질문을 하는데요. 동물에 관심이 많은 어떤 영매는 제가 동물을 위해 일해야 한다고 합니다."

"의식적이든, 무의식적이든, 기만이 개입된 것은 아닙니다. 당신은 질문을 했고, 그 질문은 공간 속에 던져졌지요. 그것은 물질적인 차원에서 즉각적으로 영매의 잠재의식을 자극합니다. 만일 질문이 나오지 않은 상태에서 영이 물질적인 상황에 대한 어떤 메시지를 자발적으로 전한다면, 당신의 영적인 발전이 그 시점에서 영향을 받기 때문이에요. 그래서 자발적으로 전해지는 메시지와 직접적인 질문에 대한 응답으로 전해지는 메시지를 구분하는 것입니다. 저는 물질적인 사건에 관한 질문을 권하지 않습니다. 그러나 영이 어떤 정보를 제공하는 게 적절하다 싶을 때 하는 조언이라면 말리지는 않아요. 이 둘 사이에는 상당한 차이점이 있지요."

실버 버치는 모임의 어떤 회원이 제기했던 이전의 질문에 대한 응답으로 다음과 같이 말했다.

"아무튼 '사기'란 말이 속임수를 의미한다면, 속임수가 개입되지는 않아요. 영매의 무의식적인 마음은 영적인 존재가 그를 통해 작업하는 동안 활성화가 됩니다. 당신이 의식의 초점을 세속적인 수준으로 끌어내리는 순간, 잠재의식을 자극하게 되지요. 그래서 영이 아닌 잠재의식으로부터 대답이 나옵니다. 그런 응답이 나오면 소통의 통로가 다시 말끔해질 수 있도록 마무리를 짓는 게 좋아요. 만일 그러지 않으면, 남은 시간 동안 흥분한 잠재의식이 끼어들어 방해하게 돼요. 두 세계 사이의 소통 과정이 매우 복잡하다는 점을 기억하셔야 합니다."

사람들이 심령주의를 탐구하도록 만드는 이유에 관해 토론하던 중 교사가 다시 질문했다. "가장 강력한 파동 중의 하나가 사랑의 파동이라 할 수 있나요?"

"가장 강력하다고 할 수 있어요. 진정한 사랑은 전 우주에서 가장 강력한 힘입니다. 그리고 그 사랑은 다른 어떠한 힘도 할 수 없는 것을 해낼 수 있어요."

또 다른 질문은 '현대 교육에서 결여된 것은 무엇인가?'였다.

"청소년들에게 진리를 가르치지 못하고 있어요. 그들이 영적인 존재라는 사실에 대해 끝까지 어떠한 가르침도 주어지지 않습니다. 모든 가르침이 대부분 그들이 정신을 소유한 물질적 육체라는 것을 기반으로 하니까요. 자신들이 육체를 소유한 영적 존재이고, 이곳 지상에 존재하는 동안 매일 자신들의 영적인 빛을 더할 수 있으며, 하루하루가 영을 성장시키고 더 큰 삶을 위해 도움이 될 교훈을 접할 기회라는 사실을 배우는 사람은 거의 없죠. 아이들의 선천적인 능력에 대한 진리, 종교에 대한 진리가 결여되어 있어요. 그다지 필요치 않은 정보를 전하는 데 너무 많은 관심을 쏟고 있지요."

"그 말씀을 잊지 않겠습니다." 평생을 교육자로 보낸 그 교사가 말했다. "명심해야 할 부분입니다. 대부분의 교사들은 논란거리가 될 내용을 가르치는 것을 두려워합니다. 차라리 무난한 역사적 기록 같은 걸 가르치려 하죠. 비겁한 태도라고 생각합니다."

"학교가 이러한 진리를 가르치는 것은 대단히 바람직한

일입니다. 그러나 그것이 진리라는 사실을 교사들이 확신할 때까지는 그런 일이 일어나지 않을 겁니다. 우리는 먼 길을 가야 해요. 제도를 바꿀 수 있는 사람들에게 영향을 미칠 수 있도록 해야겠지요."

"오랜 시간이 걸리겠네요." 모임의 한 회원이 말했다.

"우주는 단기간에 창조된 것이 아닙니다. 여러분의 삶은 영원하고요. 지금 여러분을 걱정에 빠뜨리는 많은 문제들이 100년 뒤에는 완전히 잊혀질 것입니다."

"우리가 어느 정도 진보를 이루고 있는 것 같아요." 교사가 말했다.

"많은 진보를 이뤄냈지요. 동이 트고 있는 게 보여요. 빛이 강해지고 있어요."

교사가 덧붙였다. "스와퍼 씨가 예전에 이 운동은 민중으로부터 시작해서 위로 올라가야 한다고 말했었죠. 저는 위에서부터 시작되어야 한다고 생각했는데 제가 틀린 것 같습니다."

"진리는 한 사람 한 사람이 확신하면서 퍼져가는 것입니다. 한 번에 대규모로 의식의 전환을 이룰 방법은 없어요. 그리고 이러한 목적은 지적 탐구를 통해 성취되는 것도 아니에요. 인간의 영혼을 돕고 일깨우고 설복함으로써만 가능하죠."

다음번 모임에서 또 다른 방문자가 고민을 털어놓자 실버 버치가 말했다.

"스스로를 통제하기에 적합해질 때까지는 통제하는 법을 배울 수가 없습니다."

그녀가 말했다. "뭔가 일이 생길 때마다 달아나려고만 했던 것 같아요. 이제는 달아나지 않고 제대로 해볼 기회가 생겼는데요. 제가 질문하고 싶었던 것은요, 늘 겁에 질려 있고 우울한 게 단순히 이런 달아나는 태도 때문인지, 아니면 제가 알지 못하는 어떤 이유 때문인지 하는 거예요."

실버 버치가 말했다.

"말씀하신 것처럼 암울한 상황은 아닌 것 같은데요. 그런 면이 있긴 합니다만, 큰 역경을 이겨내고 남들이 약한 모습을 보일 때 용기를 보여준, 정직하게 최선을 다하겠다고 다짐하면서 문제에 맞서는 모습이 보이네요. 과거에는 독립을 해야할 상황임에도 지나치게 보호를 받으려고만 했던 면이 있었던 것 같습니다. 이게 방금 말씀하신 그건가요?"

"예, 하지만 이제는 자립할 기회가 생겼고, 이 기회를 놓치고 싶지 않네요."

"지금까지는 자신이 달아나기만 했다고 생각하시는 거고요?"

실버 버치의 질문에 방문객이 반문했다. "그렇지 않나요?"

"이 점을 기억하세요. 지상에서 당신의 삶은 다른 사람들과 마찬가지로 자신의 개성을 펼쳐내는 수단이에요. 당신을 위해 그 일을 대신해줄 사람은 없어요. 영혼의 성장은 개인적인 문제입니다. 모든 사람은 누구든 상관없이 시련과 역경, 번뇌를 겪습니다. 삶의 밝은 면 속에만 영원히 머무는 사람은 없어요.

당신에게 영향을 미치는 문제가 어느 정도의 크기인지는 당신의 진화 상태에 달려 있습니다. 남들에겐 작아 보이는 것도 당신에겐 크게 느껴질 수 있고, 남들에게 커 보이는 게 당신에겐 별일 아니게 느껴질 수도 있지요. 각각의 영혼들이 자신의 운명을 만드는 것입니다.

당신의 어깨엔 짐이 놓여 있어요. 어떻게 반응할지는 본인이 결정할 문제입니다. 만일 어깨를 펴고 '이건 내가 감당할 몫이야. 기꺼이 지고 가겠어'라고 말한다면, 그 짐이 가벼워집니다. 당신의 영혼이 그만큼 성장하면서 내면의 힘이 스스로를 치유하기 때문입니다. 역경에 처했을 때 솔직한 마음으로 용기를 내면 영적으로 피폐해지는 일은 없어요. 아무것도 두려워할 게 없는 거죠."

"물질적인 문제에선 그렇겠죠." 그녀가 끼어들었다.

"저는 물질적인 것에 대해 말하는 게 아니에요. 영혼(soul)과 영(spirit)*, 정신(mind)에 관해 말하는 거예요. 물질적인 것에 대해서는 어떠한 언급도 할 생각이 없습니다. 제가 사랑하는 모든 사람과의 사이에 이런 어려움이 있어요. 자신의 영혼을 비추는 광명 속으로 들어가고 있는데도, 정작 본인은 정신적인 어둠 속에 있다고 생각하는 분들이 정말 많아요. 그래서 늘 말하죠. 두려워하지 말고 계속 나아가시라고 말입니다."

모임의 어떤 회원이 말했다.

"우리는 물질적인 관점에서만 자신을 바라볼 수 있습니다. 할 일을 제대로 못하고 있다고 생각하면 실제로 그런 것이죠. 당신에겐 우리가 경이로운 빛을 발하는 정말 괜찮고 순수한 존재로 보일지 몰라도, 우리의 생각은 다릅니다. 스스로의 결함도 알고 있구요."

"아닙니다. 저는 여러분 대부분이 자신이 생각하는 것보다 더 훌륭하다고 생각해요. 지식을 갖춘 분들은 대체로 자신을 깎아내리는 경향이 있습니다. 지식이 늘수록 겸허함이 커지기 때문이죠. 인간은 어떤 문제로 고통을 받으면 평소처럼 자신의 상황을 명료하게 보지 못할 때가 많아요. 마음이 평온

---

* 실버 버치는 영(spirit)과 영혼(soul)을 구분한다. 영이 만물에 내재하는 동일한 속성으로서 신(The Great Spirit)의 일부라면, 영혼은 개별적인 존재를 뜻하는 말로 쓰이고 있다.

한 상태에서는 안 그러던 사람도 혼란에 빠져 판단력을 잃는 일이 일어나지요. 초조함과 압력, 불화 속에 있으면 평온한 생각이 설 자리를 잃어요. 게다가 여러분은 전체적인 그림을 보지 못합니다. 아주 작은 일부만을 보고 있을 뿐이죠."

방문자가 말했다. "우리는 우리가 알고 있는 정도로만 자유의지를 활용할 수 있을 뿐입니다."

"네, 맞습니다. 하지만 제가 늘 말씀드리고 싶은 것은, 양심이 명령하는 대로 하시라는 겁니다."

"그러면 망하거나 하는 일은 없는 건가요? 양심은 늘 무언가를 말합니다. 그것에 따라 살지 않으면 대가를 치르는 것이겠죠." 방문자의 말에 실버 버치가 대답했다.

"그렇죠. 어느새 애초에 시작했던 지점으로 돌아와 있군요."

처음에 질문했던 사람이 말했다. "제가 불만인 게 그 부분입니다."

이 말에 실버 버치가 대답했다.

"인생은 나선형 계단을 올라가는 것과 같습니다. 단순하면서도 복잡하죠. 거기엔 계획이 있어요. 모든 문에는 열쇠가 있죠. 여러분이 늘 맞는 열쇠를 갖고 있는 것은 아닙니다. 그래서 문이 잠긴 채로 남아 있기도 하고요. 이해와 진리에 대한 열망은 삶의 전투를 치르는 데 있어 도움이 됩니다. 깨우친 사람들은 영의 세계에서 그들을 사랑하는 존재들의 힘을 끌어당깁니다. 그 힘이 자신의 힘에 배가되어 어떠한 장애물도 극복할 수 있는 여력을 얻게 되는 거지요."

문제를 안고 있던 여자가 말했다. "스스로 분명히 인식하고 있는 실패는 크게 문제가 되지 않는 것 같아요."

"글쎄요. 여러분은 전체적인 그림을 볼 수 없습니다. 영안靈眼이 열리면 모든 게 명백해지지요. 어떤 사람이 성공으로 간주한 것이 실패일 수 있고, 실패로 여기는 것이 사실은 성공일 수 있어요."

방문자는 평범한 사람들도 마음 깊은 곳에서는 자신이 실패했는지 성공했는지를 알 수 있을 거라고 말했다.

"예, 만일 여러분을 인도하는 소위 양심이란 것을 허용할 정도로 충분히 평온한 상태를 유지한다면 가능하겠죠. 그것은 언제나 여러분 안에 있습니다. 여러분은 문제에 대한 해답을 늘 자신에게서 얻을 수 있어요."

"저도 전적으로 동의해요."

여자의 말에 실버 버치가 답했다.

"하지만 쉬운 일은 아니죠. 물질계에 살고 있는 사람들이 겪는 문제는, 자신을 진정시키고 내면의 평화를 찾는 법, 자신의 파동을 조화롭게 맞추는 법을 배우지 못했다는 거예요. 만일 그들이 정신적이고 영적으로 잠시만이라도 세속에서 한 발짝 떨어지는 법을 배운다면, 그리하여 지나치게 억압되어 있던 내면의 활동이 표면으로 올라온다면, 문제에 대한 해답을 찾을 수 있을 거예요. 틀에 박힌 일상에서 벗어나 시골이나 바다로 떠날 때, 골치 아픈 문제에 대한 해답을 얻기도 하지요. 그런 일은 굳이 그런 여행을 떠나지 않아도 일어날 수 있습니다. 방법만 안다면 말입니다."

"하지만 그건 정말 어려운 일입니다."

"네, 아주 어렵죠. 그러나 큰 보상은 쉽게 주어지지 않아요. 가장 가치 있는 것이 가장 성취하기 어려운 법입니다. 노력 없이 주어지는 것엔 큰 상이 따르지 않죠. 앞으로 계속 나아가시라고 말씀드리겠습니다. 당신의 삶에서 지금만큼 영혼이 깨어나 있었던 적은 없어요. 영혼이 주도권을 잡게 놔두세요. 갈등을 잠재울 수 있게 하세요. 모든 것이 잘 풀리고, 그러한 분위기 속에서 당신이 갈망했던 내면의 평화와 평정심을 찾게 될 것입니다. 아무도 당신 안에 휘몰아쳤던 엄청난 폭풍을 알지 못하겠지만 저는 당신을 이해해요."

"제대로 보신 것 같아요." 문제를 안고 있던 여자가 말했다.

"저도 당신을 돕겠습니다. 우리의 세계로부터 당신에게로 향하는 그 많은 사랑으로 인해 결코 실패하지 않을 겁니다. 계

속 견뎌내세요. 당신이 진실이라 생각하는 것을 꼭 붙잡으세
요. 당신이 신을 버리지 않는 이상, 신이 당신을 저버리는 일
은 없을 겁니다."

CHAPTER 4

정치인을 돕다

모든 직업군에 걸쳐 정말 다양한 사람들이 모임에 와서 실버 버치의 지혜를 듣고 있다. 심령주의에 대해 어느 정도 알고 있는 영국 노동당 하원의원에게 실버 버치가 말했다.

"저는 몇 가지 기본적인 영적 진리를 강조하기 위해 이곳에 올 뿐입니다. 나이가 지긋한 제가 보기에, 여러분의 세계가 필요로 하는 것은 거창한 신학적 교리나 사변적인 이념이 아니에요. 여러분에게 필요한 건 예로부터 영의 힘을 통해 영감을 받았던 분들이 가르친, 대다수 종교의 핵심이 되었던 몇 가지 단순한 진리들입니다. 모든 인류는 하나이며, 우리의 육체적인 차이점 밑에는 모두를 결속시키는 영이라는 공통적인 연대가 존재한다는 것이죠.

우리의 혈관에는 똑같은 피가 흐르고, 똑같은 영이 각자의 본성에 있습니다. 신은 우리 모두를 한 가족으로 만드셨지만, 인간들이 차별을 두고 근원에 깔린 통일성을 외면했지요. 이러한 영적 진실들이 모든 세속적인 시스템 속에 자리 잡지 않는 한 진정한 진보는 없다는 것을 환기시켜야 합니다.

인류애, 협력, 봉사, 관용, 이러한 것들은 모든 삶의 토대이며, 이러한 토대에 삶의 기반을 두는 것을 배우지 않는 한 진정한 평화는 있을 수 없습니다. 서로 헌신하고, 서로 사랑하고, 있는 사람이 없는 사람과 가진 것을 나누는 것, 이러한 것들은 거듭 강조해도 지나치지 않는 단순한 진리들입니다. 그리고 이러한 진리를 자신의 삶과 민족, 국가에 적용하는 사람들은 인류가 원래 가지기로 되어 있던 종류의 생활양식을 낳게 될 것입니다."

이 정치인은 이상주의자였는데, 공무와 관련된 행동 방침에 대해 질문한 뒤 다음과 같은 조언을 들었다.

"지금 말씀드린 게 옳다고 생각하시면 그렇게 하세요. 그르다고 생각하시면 어떠한 것도 하실 필요가 없지만요. 제 생각엔 당신 앞에 더 큰 세계로 이어지는 문이 열리는 것을 보게 될 것 같습니다."

"저는 지금 진퇴양난에 빠져 있습니다." 그 의원은 모임이 시작됐을 때 말했다. 그는 정치적인 사안들에 대한 결단을 앞두고 있었다. 인도령(실버 버치)을 통해 이 정치인에게 격려해준 영들 중에는 열성적인 개혁가이자 평화주의자인 조지 랜스베리George Lansbury(1859-1940, 노동당 당수를 지낸 정치인)가 있었다. 그는 이렇게 말했다. "저는 옳았지만 틀렸습니다." 평화와 우호를 위한 캠페인을 벌인 것은 옳았지만, 목표가 곧 이뤄질 수 있다고 생각한 것은 틀렸다는 뜻이었다.

실버 버치가 정치인에게 말했다.

"슬픔과 비탄이 뭔지 알려면 묵묵히 고통을 겪어봐야 합니다. 오랜 세월 그런 시간을 보내신 분이군요. 당신의 과거로 한번 돌아가 보겠습니다…. 아무 문제도 없어 보이는 시절이 있었네요. 당신은 그때 용감했어요. 현실에 감연히 맞서 스스로에게 아주 단순한 질문을 던졌지요. 무엇이 옳은 일인가? 그리고 망설임 없이 그 길을 갔습니다. 그러다가 인생의 아주 큰 슬픔을 겪게 되는데 이 자리에서 그 부분에 대한 언급은 하지 않겠습니다.

당신이 이곳에 온 이유는 완수해야 할 소명이 있기 때문인데요. 지상을 떠나기 전에 그 일을 마쳐야만 해요. 그것은 당신이 기여할 수 있는 아주 큰 일이죠. 수많은 불행한 사람들을 도울 수 있기 때문입니다. 인간의 자유를 위해 일하는 모든 사람에게 도움이 될 수 있어요. 이 일을 하면 다른 모든 일도 잘 풀릴 겁니다. 걱정할 필요는 없어요. 당신을 에워싸고 인도하는 사랑이 확실한 무기가 되어줄 테니까요. 지식과 이해력을 갖추고 계시기 때문에 자유의지를 그릇된 방향으로 쓰지만 않는다면 길을 잃는 일은 없을 겁니다. 당신을 감싸고 있는 위대한 사랑을 알고 계시나요?"

"보잘것없는 사람이지만 감사하게 생각하고 있습니다."

"당신은 우리 세계에서 아주 큰 사랑을 받고 있어요. 우리가 존경하고 인정하는 빛나는 영혼들, 위대한 헌신의 삶으로 유명해진 그 존재들이 당신에게 사랑을 보내고 있죠. 때때로 여러분 세계의 사람들, 심지어 영적인 진리를 알고 있는 분들도 이러한 존재들을 볼 수 있으면 얼마나 좋을까 하는 생각이 들곤 합니다. 이분들은 여러분이 일을 해나갈 수 있도록 지탱하고, 여러분이 한 걸음씩 발전할 때마다 기뻐하며, 퇴보를 안타까워하지만, 인간의 영이 계속 전진하고 있으며 아무도 그 신성의 결실을 부인할 수 없다는 사실을 알고 있답니다."

실버 버치는 정치인에게 말을 계속했다.

"당신은 힘겹게 일해왔어요. 괴로움에 남모를 눈물을 흘린 일도 많았고요. 모든 게 방치되고 외면받고 버려질 때의 고

독이 뭔지를 아는 분이네요. 닿기 힘든 높은 곳으로 영혼이 비상할 때의 한껏 고양된 느낌이 뭔지도 아시고요. 바닥 모를 절망감을 맛본 적도 있었지요. 그런 고통을 견뎌내야 비로소 영혼의 변화가 일어나는 법입니다."

그런 뒤에 사회주의 초창기의 지도자인 키어 하디의 영이 실버 버치를 통해 이 의원에게 다음과 같은 메시지를 전했다.

"당신이 매우 자랑스럽다고 말씀하시네요. 그는 선한 목적을 향해 줄기차게 나아간 모든 이들을 자랑스럽게 여기고 있어요. 그러한 일은 인간에게 육체적, 정신적, 그리고 영적으로 가장 좋은 일이라고 합니다. 그는 모든 인간의 열망이 표출되길 바라는 사람들을 사랑합니다. 노동 여건의 개선뿐 아니라 인간의 영혼을 계발할 기회와 아름다움을 향한 모든 예술을 장려할 기회를 갖는 세상이 되기를 염원하는 사람들을 사랑합니다. 그것이 당신이 전파하는 복음이라고 말씀하시네요. 그런가요?"

"그렇게 되길 바라고 있지요."

실버 버치가 이번엔 해넌 스와퍼에게 말했다.

"지금 물질계에선 일반 시민의 권리가 실현되고 있습니다. 그러나 동시에 인간의 영적인 권리도 자리를 잡아가고 있지요. 아직 가시적인 성과물이 있는 것은 아니지만요. 여러분은 새로운 시대로 접어들고 있어요. 다수의 사람들에게 더 큰 자유가 주어지는 새 세상이 점차 펼쳐질 것입니다. 죽음의 경계를 넘어와 영의 세계에 발을 들인 모든 분이, 물질계에서 헌신할 사람들에게 동기 부여가 될 엄청난 에너지를 방출하고 있지요.

인간이 스스로의 권리를 요구하는 행위는 좌절되지 않습니다. 타고난 본성인 자유를 갈망하는 사람들이 자연스레 급증하는 것을, 탐욕과 이기심에 사로잡힌 세력이 방해하려 합니다. 그러나 물질계에서 영의 힘이 엄청나게 분출되면서 영적 본성이 깨어나는 사람들이 점차 늘게 되죠.

당신이 관심을 쏟는 물질적이고 정치, 경제적인 분야만 그렇게 되는 것이 아니랍니다. 이러한 분출의 결과로 영의 매개자가 될 새로운 인재들이 배출될 것입니다. 그와 함께 슬퍼하는 사람들을 위로하고 병자들을 치유할 뿐 아니라 영감이 더 큰 규모로 흐를 수 있도록 도움을 줄 힘이 방출될 것입니다. 점점 더 많은 사람들이 당신을 찾을 텐데요. 당신이 혼란과 어려움에 빠진 그들을 인도하고, 고충을 달래고 평화와 확신을 줄 수 있다는 것이 알려지기 때문이죠."

그리고 그는 다음의 말로 모임을 마무리 지었다.

"우리 안에 있는 힘을 더 의식할 수 있게끔 잠시 하던 일을 멈춥시다. 그리고 우리를 도와 함께 일하고 더 큰 일을 이룰 수 있도록 격려하는 존재들을 인식하도록 합시다. 그들은 신에게 바칠 수 있는 가장 큰 헌신은 갈 곳 모르고 방황하는 그의 자녀들을 돕는 일이란 사실을 잘 압니다. 어려운 모든 사람을 돕고 격려하며, 그들의 무거운 짐을 덜 수 있는 깨우침을 추구하는 여러분이 용기를 얻게 되기를 빕니다. 그리고 여러분이 신성한 힘의 사절이란 것, 신에 속한 사람으로서 손색이 없다는 것을 행동으로 드러낼 수 있길 빕니다."

해넌 스와퍼가 개최한 또 다른 모임에선 매우 큰 규모의 발행 부수를 가진 신문사의 편집장이 참석했다. 실버 버치는 오랫동안 끝나지 않았던 전쟁에 대해 언급하면서 편집장에게 말했다.

"그 모든 괴로움과 고통, 빈곤과 궁핍, 끔찍한 전쟁의 유혈과 혼란, 격변으로 인해, 그토록 무서운 체험을 한 사람들에게서 정신적, 영적으로 비슷한 격변이 일어나고 있습니다. 그리고 이런 엄청난 격변 속에서 진리에 입각해 생각하도록 훈련받지 못한 사람들이 오랜 세월 충성을 바쳐온 낡은 사상들이 산산조각났지요. 물질주의의 전체 틀이 무너졌고 많은 것들이 치명상을 입었습니다.

그러나 여기저기에 자신들만의 목표를 위해 애쓰는 사람들의 그룹이 있고, 이들은 영향력을 키우려고만 할 뿐 인류의 행복에는 아무런 관심도 없어요. 이들 중 몇몇은 사회 조직을 장악했습니다. 이들은 고통과 압력의 시대에 약속되었던 더 밝고 행복하고 공정한 세계의 실현에 대한 요구가 고조되는 것을 막으려 하고 있어요.

영의 자유, 정신의 자유, 신체의 자유가 보장되는 새롭고 더 나은 세계의 편에 선 모든 사람이, 이러한 명분을 위해 목숨을 바쳤던 영의 세계의 무수한 존재들의 도움을 이끌어냅니다. 그들은 인류가 자신을 발견하도록 돕는 소명에 헌신했던 수많은 높은 차원의 존재들도 끌어당기고 있어요. 인류의 복지를 위해 일했던 사람들은 한 번도 제대로 된 기회를 가져보지 못한 채 늘 기만당하고 박탈되고 방해받아왔지만, 앞으로는 그들에게 큰 성공이 다가올 것입니다. 모든 인간에게 내재된 신이 가장 높고 충만한 능력으로 드러날 것이기 때문입니다. 제 말씀이 이해되셨나요?"

편집장이 말했다. "공감합니다. 충분히 이해했습니다." 그는 실버 버치와의 만남이 두 번째였다.

"세상이 필요로 하는 것은 단순한 진리입니다. 새로운 진리, 놀라운 계시, 새롭게 주어지는 천명 같은 것은 없어요. 모든 것은 과거의 모든 시대, 모든 지역에 거주했던 사람들의 필요와 이해력에 맞춰 계시되었지요. 영의 힘을 받아 깨달음을 얻은 뒤 가르치고 치유하고 위로한 사람들은 늘 존재했고 앞으로도 그럴 것입니다. 여러분의 시대에도 똑같은 영의 힘이 더 충만하게 내려와 성령의 강림과 함께 늘 일어났던 일들을 반복할 것입니다. 인간의 불멸, 영적인 본성, 기원, 운명, 존재의 목적, 신과의 관계, 이웃과의 관계, 그러한 놀라운 사실들에서 나오는 모든 결과 등, 똑같은 오래된 진리를 강조하는 것이지요.

영의 이러한 폭발과 분출은 똑같은 오래된 진리를 더 큰 규모로 반복할 것입니다. 오래된 진리이긴 하지만 여전히 필요해요. 세상이 진화의 새로운 주기로 들어서기 때문이죠. 오래되고 전통적인 것에 대한 존경심을 갖는 사람을 더 이상 찾을 수 없어요. 권위에 맹목적으로 복종하는 사람도, 관행에 집착하는 사람도 찾아보기 힘듭니다. 인류는 이러한 것들의 파국을 목도했고, 자신들의 성숙해진 정신과 진화된 영을 충족시킬 새로운 무언가를 열망하고 있어요. 그런 이유로 영의 이러한 분출에는 물질적인 분야에서의 더 큰 각성이 수반되며, 정의와 인류애가 널리 퍼지길 바라는 사람들이 늘어나게 됩니다.

이 모든 일이 몇 년 사이에 이뤄지지는 않을 것이며, 어쩌면 10년이나 100년 이상이 걸릴 수도 있습니다. 그러나 인간이 자신의 진정한 자아를 발견하게 되는 것은 보편적인 생명의 법칙 중 하나입니다. 인류에게 이정표를 제시할 임무를 맡은 모든 사람은 그 임무를 성실하게 이행할 큰 책임이 어깨 위에 놓여 있어요. 언젠가 당신도 자신이 한 일에 대해 설명해야할 때가 옵니다. 당신뿐 아니라 모든 사람이 자신이 한 일, 평생에 걸쳐 한 일에 대해 설명해야 하죠. 그때 가서 소홀히 한일에 대해 후회하고, 헌신한 일에 대해 기뻐하게 되겠지요.

절망과 어둠이 여전히 지배하는 세상에서 빛과 진리를 위해 싸우는 사람들은 불안감을 가질 필요가 없습니다. 영의 강력한 힘이 그 모든 사명을 통해 그들을 지탱하고 떠받칠 테니까요. 빛의 편에 설 때 승리는 여러분의 것입니다."

실버 버치는 최근에 죽은 동료가 그 편집장에게 보내온사적인 메시지를 전한 뒤 다시 말을 이었다.

"제가 여러분의 세계에서 일한 뒤로 아주 오랜 세월이 흘렀네요. 변덕스러운 일에도 어느 정도 적응되었고, 당신 같은분들께 제가 어떤 도움이 될 수 있음을 발견할 때 저는 기쁨을 느낍니다. 영의 힘이 작용하고 있다는 증거라서 기쁜 것이죠. 제가 알고 있는 한 그 힘은 표현할 수 있는 충실한 매개자만 있다면 성공합니다. 슬픔으로 가득 찬 마음을 어루만지고, 망가진 몸을 고치고, 방황하는 이들에게 빛을 발견할 수 있는곳을 보여주고, 지친 이들에게 힘을 얻을 수 있는 곳을 알려줄성실한 매개자들이 있는 한, 어떠한 반대 세력과 박해 세력도 그것을 막을 수 없습니다.

이 모든 것은 교회의 권위를 부여받은 사람들이 해야 했던 일이죠. 그러나 그들은 그러지 못했습니다. 이제 영적이고 물질적인 힘은 일반인들에게로 넘어가고 있어요. 만일 그들이 자신의 본질을 알았다면, 자신의 본성의 신성함을 이해했다면, 자신의 내면에 있는 지식과 힘과 에너지의 거대한 보고를 인식했다면, 그것을 끌어내 매우 짧은 시간 안에 새로운 세계를 건설할 수 있었을 텐데요. 그렇게 됐어야만 했습니다.

우리는 매일 같이 부적응자와 버림받은 사람, 추방자와 부랑자, 준비가 되지 않은 채 영의 세계로 오는, 모든 걸 처음부터 다시 배워야 하는 사람들을 끝없이 받는 것에 지쳐가고 있어요. 자신들에게 주어진 임무를 해낼 만반의 준비가 된 진화한 영혼들이 줄지어 오는 대신, 치료하고 돌봐줘야 할 상처 입은 아이들 같은 사람들이 계속 들어오고 있죠. 그렇기 때문에 모든 형태의 지식들이 전파되어 인류가 진리를 얻는 것이 그토록 중요한 것입니다. 그들을 인도할 진리가 있었다면 결코 그렇게 되지 않았을 테니까요.

진리가 그들에게 이해를 안겨주고, 이해는 평화와 사랑을 안겨줄 것입니다. 가슴속에 사랑을 간직하면 해결하지 못할 문제는 없습니다. 진리와 지혜와 지식과 사랑의 인도를 받는다면 오늘날 인류의 지도자들이 직면한 모든 문제는 사라질 것입니다. 동의하시나요?"

편집장이 대답했다. "오, 그렇습니다."

"그것이 우리가 해야 하는 일입니다. 당신은 당신의 방식으로, 저는 저의 방식으로 말이죠. 사람들에게 다가가 그들이 의지할 수 있는 진리를 전함으로써 세상을, 혹은 자신들이 살아가는 지역을 풍요롭게 할 수 있을 것입니다."

방문자와 모임의 회원들이 타계한 동료 언론인에 관해 의견을 나누자 실버 버치가 다시 말을 이었다.

"사람들이 우리의 세계로 오면 평가의 초점이 완전히 달라진다는 사실을 모르고 계시는군요. 여러분은 사람을 평가할 때, 그의 지위와 사회적인 위치, 영향력, 신분, 직함 등을 봅니다. 그러나 이러한 것들은 영의 세계에서 아무런 의미도 없어요. 이 모든 것들이 떨어져나갈 때, 오직 자신이 했던 일로만 벌거벗은 영혼을 가릴 수가 있습니다.

그분은 지상에 있을 때 인류를 위해 헌신하려고 진심으로 애썼어요. 그는 사랑을 받았고, 그 사랑이 죽을 때 그를 도우면서 영원한 재산이 되었죠. 돈은 가져갈 수 없어요. 세속에서 쌓아온 보물들은 더 이상 그의 것이 아니지만 사랑, 애정, 헌신, 이러한 것들은 영원한 재산입니다. 영혼은 이러한 것들을 가져가며, 그러한 것들로 평가되죠.

여러분이 사랑과 존경, 동료들의 호의를 얻는다면, 영혼이 그만큼 각성되면서 진보를 이루는 데 도움이 됩니다. 그리고 판단의 진정한 기준이 존재하는 영역으로 넘어오면 이러한 것들이 가장 중요하게 간주됩니다. 중요한 것은 당신이 어떤 존재이며, 무엇을 했느냐이기 때문이죠."

신문과 언론인에 대한 오랜 대화가 이어지던 중 모임에 나온 편집장이 질문을 던졌다. "그곳에 있는 분들이 우리가 하는 일에 대해 염려하고 있나요?"

실버 버치가 대답했다.

"그렇습니다."

"그래도 재정적인 문제에 대해선 염려를 하지 않겠지요?"

편집장은 그의 동료가 일생을 바친 신문에 대해 염려하고 있는지 궁금했던 것이다. 실버 버치는 그가 죽은 지 얼마 되지 않다 보니 염려를 하고는 있지만 곧 익숙해질 거라고 말했다.

"헌신은 우리 모두가 이곳에서 배워야 할 것입니다. 정말 다양한 능력을 통해 헌신할 수 있습니다. 빛을 안겨줄 수도 있고, 사람들의 삶에 색을 입힐 수도 있고, 풀 죽은 사람들을 즐겁게 해줄 수도 있고, 진리를 찾도록 도울 수도 있습니다. 방법은 얼마든지 있어요."

CHAPTER 5

은막의 스타

다양한 사람들에게 전해진 실버 버치의 메시지를 기록하면서, '만인의 연인'이라 불린 은막의 스타 메리 픽퍼드*에 대한 해넌 스와퍼의 이야기를 빼놓을 수 없다.

실버 버치는 배우나 예술가, 작곡가들이 참석할 때마다 수많은 사람들을 일깨우고 감화를 주는 영화나 연극, 음악, 미술 작품을 영의 세계에서도 매우 중시한다는 점을 곧잘 강조해 왔지만 이번에도 그 부분을 새롭게 확인해주었다. 다음은

---

* Mary Pickford(1892-1979): 캐나다 태생의 미국 배우로 초기 할리우드의 개척자 중 한 명이다. 영화산업에 큰 영향력을 미쳤다.

교령회 속기록 중에서 흥미로운 부분을 발췌한 것이다.

　"자, 멀리 대서양을 건너서 오신 숙녀분께 말씀드립니다. 당신은 오늘 이 자리에 있는 많은 분들의 사랑을 듬뿍 받고 있군요. 그리고 살아가면서 여러 해 동안, 죽음이라 불리는 변화를 거친 분들로부터 전해지는 사랑을 당신도 의식하고 있었습니다. 그렇죠? 아닌가요?"

　"그렇습니다."

　"당신은 이러한 사랑, 인도가 당신의 삶에서 실제로 존재한다는 것을 여러 번에 걸쳐 느끼곤 했어요. 어려운 일이 닥쳐 어쩔 줄 몰라 할 때마다 영의 뚜렷한 인도가 나타났고, 당신은 망설임 없이 인도받은 대로 밀고 나갔죠. 제 말이 맞나요?"

　"네."

　"그러나 애정의 결속으로 당신과 긴밀하게 연결되어 있는 많은 사람들의 사랑을 지금보다도 더 크게 자각할 수 있어요. 당신의 삶의 전체적인 패턴 자체가 거대한 인도라는 것을 인식하고 계시나요? 모든 길이 차근차근 단계를 밟아가며 인도되었죠. 만일 당신 앞에 놓여 있는 일들이 어떤 건지를 처음부터 알고 있었다면, 성취가 불가능해 보였을지도 모르겠어요. 그러나 첫걸음을 내디디면서 다른 발도 내디딜 수 있게 길이 열렸고, 그렇게 앞으로 꾸준히 나아갈 수 있었습니다.

자신이 받았던 사랑을 되갚으려 애썼기에 당신은 남들을 위해 엄청난 헌신을 할 수 있었어요. 당신은 이 모든 것을 알지는 못할 수도 있습니다. 부분적으로는 알고 있었겠지만요. 그러나 여러분의 세계에서 활동을 하다 건너온 사람들이 거주하는 영의 세계에서는 유일한 종교가 헌신이라는 것을 곧 알게 됩니다. 헌신이 영의 세계에서는 돈의 역할을 하죠.

여력이 있는 한 헌신해서 남들을 도우려는 사람들은 다른 존재들의 도움과 영감을 받습니다. 그리고 다른 이들의 삶에 행복과 이해와 지식을 안겨주려는 사람들은 사랑하는 사람들뿐 아니라 오래전에 세상을 떠난 빛의 존재들을 끌어당기게 됩니다. 이분들은 매개자를 통해 자신들이 쌓은 지혜를 쏟아놓습니다. 제가 하는 말을 이해하시겠어요?"

"네, 무슨 말씀인지 알 것 같아요."

"당신은 영의 세계에서 대사大使로 간주되고 있습니다. 당신을 통해 엄청나게 많은 사람들에게 다가갈 수 있는 거죠. 당신은 모든 힘과 권능, 주권이 깃들어 있는 보이지 않는 실재에 대한 이 단순한 복음을 전파하고자 했습니다. 그래서 삶 전체에 걸쳐 물질적인 장애들이 거듭 제거되었고, 계속해서 앞으로 나아갈 수 있었죠. 이제 당신은 조만간 경력의 절정기를 맞게 된다는 것을 말씀드리고 싶네요. 왕관이 수여되고 성취의 정점에 서게 됩니다. 가슴으로 열망했던 모든 일이 앞으로 결실을 보게 될 것입니다."

내가(해년 스와퍼) 참석하는 모임에서는 예외 없이 모습을 드러내 온 알프레드 노스클리프*의 영이 등장해 메리에게 인사를 했다. 나는 몰랐지만 그녀와 남편 더글러스 페어뱅크스**가 처음 런던에 왔을 때 가는 곳마다 엄청난 인파가 몰리는 바람에, 노스클리프가 자신의 사저 중 한 곳에 묵게 한 일이 있었다는 것이다. 그런 다음 페어뱅크스의 영이 등장해 메리와의 결혼 생활이 끝나갈 무렵에 있었던 일을 후회한다고 말했다. 더 이상의 구체적인 언급은 하지 않겠다.

메리가 말했다. "저는 지상에 있는 사람이든, 저승에 있는 사람이든 어느 누구도 원망해본 적이 없어요. 단지 제 잘못을 탓할 뿐이죠."

실버 버치가 말했다.

"너무 자책하실 것은 없어요. 만일 당신 삶의 회계장부가

---

* Alfred Northcliffe(1865-1922): 언론인이자 신문 경영인. 〈데일리 메일〉을 창간했으며 〈더 타임스〉를 비롯한 신문사들을 사들여 세계적인 신문왕으로 명성을 얻었다. 사후에 교령회에 출현한 것을 스와퍼가 《노스클리프의 귀환》이란 책으로 출판해 큰 이슈가 되기도 했다.
** Douglas Fairbanks(1883-1939): 저명한 배우이자 감독, 제작자.

있다면, 당신이 방금 언급한 잘못은, 살면서 행한 그 모든 이타적이고 헌신적인 행동들에 비해 매우 작은 것이 될 것입니다. 이곳으로 오시기까지 본인이 얼마나 많은 사람들에게 좋은 일을 했는지 아마 모르실 거예요. 당신은 헤아릴 수 없이 많은 사람들에게 기쁨을 안겨주었죠. 그들이 잠시나마 슬픔과 걱정, 고통과 스트레스를 잊을 수 있게 해주었어요. 당신의 열망을 통해 당신만의 방식으로 헌신해왔습니다.

헌신이 가장 중요해요. 모든 것이 잊혀지고 떨어져나가도, 부유함이 사라지고 권력이 해체되고 계급과 출신 성분이 잊혀질 때도, 교리와 신념이 먼지처럼 흩어질 때도, 헌신의 삶을 통해 얻어진 인품은 영원히 지속됩니다. 그리고 그것이 지금 제가 보고 있는, 당신의 몸을 통해 빛나는 인품입니다. 저는 선하게 살아온 영혼을 만날 때 기쁨을 느껴요. 그것이 제가 당신의 잘못에 대해 들었을 때 떠올린 것이죠. 아무것도 두려워할 것이 없습니다. 앞으로 계속 나아가실 수 있어요. 제가 솔직히 말씀드려도 될까요?"

"네."

"당신은 돈을 많이 벌길 원하지는 않아요. 당신이 원하는 것은 가능한 한 최선의 일을 하는 거죠. 아닌가요?"

"맞습니다."

"그러한 동기가 보상을 불러올 것입니다. 자동적으로 그렇게 돼요. 당신에게 자신감을 주기 위한 목적으로 주어지는 것입니다. 아무것도 두려워할 것이 없어요. 두려움은 영적인 파동을 교란합니다. 파동에 대해서 아시나요?"

"네, 조금은 알고 있어요."

"두려움은 기운을 교란하지요. 가슴이 무한하고 끝없는 확신으로 가득 차 있다면, 영혼이 영적인 진리에 대한 지식을 통해 생겨난 굳은 결의로 가득 차 있다면, 모든 가치가 변하는 세상에서도 실패할 수 없습니다. 물질계의 그 어떠한 것도 진정한 당신, 무한하고 영원불멸하는 당신을 해치지 못해요. 당신의 뒤를 받쳐주고 인도하고 지탱하는 힘은 우주에서 가장 강력한 힘이라는 점을 알고 앞으로 계속 나아가세요.

당신을 헌신의 위대한 도구로 쓰고자 하는 사랑의 힘은 이러한 사실을 아직 모르는 이들에게 신의 사랑과 지혜, 진리와 지식을 알리고자 합니다. 가끔 당신은 아무도 없는 방에서 눈물을 흘리곤 했죠. 실패했다고 생각했기 때문인데요. 그렇지 않습니다. 당신 앞에는 길이 곧게 뻗어 있어요. 성취의 영광스러운 약속이 이뤄질 것입니다. 제가 도움이 됐기를 바랍니다."

"정말 감사합니다."

"저에게 감사하실 것은 없어요. 감사는 신에게 드리셔야 합니다. 우리는 모두 신의 봉사자일 뿐이에요. 저는 저의 임무를 늘 기꺼운 마음으로 즐겁게 수행하고 있어요. 우리는 아마도 다시 만나게 될 겁니다. 그땐 더 많은 도움이 될 수 있겠지요. 그때까지 아래를 보지 말고 위를 보세요. 빛과 사랑이 무한의 원천에서 부족함 없이 흘러들고 있다는 것을 기억하세요. 그 풍요롭고 거대한 보고를 통해 스스로를 채우세요. 요청만 하면 당신 것이 됩니다. 그리고 글 쓰시는 것을 계속하세요."

모임에 나온 사람들을 향해 실버 버치가 말했다.

"영의 힘이 여러분과 함께하길. 여러분이 점차 자신에게 부여된 재능을 인식하시길. 그것을 갈고 닦아 여러분 자신보다 어려운 사람들을 위해 쓰시길. 그리하여 여러분의 삶이 진정 가치 있게 되길 빕니다."

이 말을 마치고 영매의 몸을 막 떠나려 하기 직전에, 그는 메리에게 마지막 메시지를 전했다.

"당신의 어머니께서 말씀하시네요. 당신에 대한 사랑이 영원할 거라고 전해달라십니다. 떠나기 전에 이 말을 전하라고 하시네요. 어머니께서 살아생전에 당신으로부터 받은 것을 결코 잊지 않고 있고, 빚진 것을 보답할 거라고요."

"하지만 제가 어머니에게 훨씬 많은 것을 빚졌는걸요. 열

번을 더 태어나도 갚지 못할 거예요.˝

"글쎄요, 열 번 이상 태어나실 겁니다."

"고양이보다 더요?* 열여덟 번은 환생하겠네요! 영국에서도 환생할까요?"

"아, 당신은 전생에 이미 영국에서 살았던 적이 있어요. 그건 또 다른 이야기지만요."

"하나만 말씀해주시겠어요? 영국인이었던 저에 대해?"

"두 세기 전으로 거슬러 올라가네요. 다시 만나야겠군요. 저는 지금 가봐야 합니다. 영매를 더 이상 잡고 있을 수가 없어요."

아마도 메리는 자신이 200년 전쯤 영국에서 살았던 여자의 환생이라고 오래전부터 믿어왔던 것 같았다. 그녀가 이 말을 사실로 받아들인 이유까지는 기억이 나지 않지만, 아무튼 글래디스 스미스Gladys Smith란 본명으로 토론토에서 태어났던 그녀는 자신의 뿌리가 영국에 있다는 것을 자랑스러워했다.

★ 서양에는 고양이가 아홉 개의 목숨을 갖고 있다는 속담이 있다.

CHAPTER 6

영의 세계에서 설명하는 영매술

"영매는 심령 현상을 일으키는 에너지의 배터리를 가진 사람인가요?"

독자들이 편지로 보내온 일련의 질문들 중 하나에 실버 버치는 다음과 같이 답했다.

"배터리라고 부를 수는 없을 것 같습니다. 영매는 영의 세계에 민감한 존재입니다. 지상에 있는 동안 영체의 능력을 활용해 영의 세계의 영적인 파동에 동조할 수 있지요. 영매 (medium)는 그 이름이 암시하듯 매개자, 중재자, 중개인입니다. 영매가 이런 기능을 수행할 수 있는 이유는 심령 능력이 발달해 있거나, 이 능력이 의식의 표면에 아주 가깝게 잠재해 있어서 쉽사리 작동될 수 있기 때문입니다.

물론 심령 능력이 무엇이며 영의 에너지가 무엇이냐는 질문이 제기될 수 있을 텐데요. 그 대답을 하기가 매우 어려운 이유는 영적인 실체를 표현할 물질 차원의 용어를 찾아내기가 쉽지 않기 때문입니다. 대략적으로 말해서, 심령의 에너지는 생명의 에너지입니다. 모든 의식적 활동을 형성하는 것과 본질적으로 같은 것이죠. 우주를 지탱하는 에너지와 똑같은 창조적인 에너지이며, 신성함과 본질적으로 비슷합니다."

"어떻게 하면 심령 에너지를 가질 수 있나요?"가 그다음 질문이었다.

"심령 에너지를 마치 세속적인 물건을 소유하듯이 가질 수는 없어요. 심령 에너지가 작동하는 경로가 될 수는 있죠. 모든 사람은 심령 능력을 갖고 있답니다. 영이 물질적인 육체로부터 해방될 때 자신을 표현하기 위한 수단으로 심령 능력을 쓰게 되죠. 여러분은 태아 적부터 이 모든 능력을 지니고 있지만, 통상적으로는 발휘되지 않아요. 그러나 영매는 그렇게 합니다.

모든 개인이 이러한 능력의 똑같은 발달 단계에 있는 것은 아니에요. 따라서 의식의 표면 가까이 잠재해 있는 이 능력을 펼쳐내려 한다면, 영매가 될 수 있을 것입니다. 투시透觀 능력이란 영의 눈으로 보는 것이며, 투청透聽 능력이란 영의 귀로 듣는 것입니다."

"치유력은 심령 에너지와 다른 건가요?"

"다르지 않습니다. 심령의 힘이 사용되는 것이기 때문이죠. 심령 에너지가 가진 특성 중 하나라고 보시면 되는데요. 생명의 근원은 물리적인 차원에서는 이해되지 못하고 있어요. 여러분 세계의 어떠한 과학자도 그 근원, 의식의 기원을 입증하지 못했습니다. 가장 우수한 두뇌도 규명하지 못한 신비죠.

사실을 말하자면 영이 생명이고, 생명이 영입니다. 물질계와 영계, 전 우주의 모든 세계에 있는 생명의 모든 에너지, 동력, 추진력은 영입니다. 생명이 있는 곳에 영이 있고, 영이 있는 곳에 생명이 있지요. 인간은 영적인 존재이기 때문에 모든 일상의 기능을 수행할 수가 있는 것입니다.

영적인 본질이 물질적인 육체로부터 떨어져 나오면 물질계에서 죽음을 맞게 되죠. 인간은 매일 밤 죽는다고 하지만, 생명줄이 연결되어 있어 돌아옵니다. 수면 상태에서 생명줄이 끊어지면, 생명력이 더 이상 육체를 움직일 수 없게 돼요. 물질적인 육체는 영의 에너지에 의해 작동되는 기계예요.

인간은 육체가 아니라 지상에 있는 동안 육체에 거주하면서 스스로를 표현하는 영입니다. 몸이 그 목적을 다하면 영은 떠나죠. 영은 무한하므로 드러나는 방식도 무한히 변형될 수 있습니다. 영은 한계가 없기에 드러나는 방식에도 한계가 없지요. 생각하고, 판단하고, 결정하고, 반성하고, 평가하고, 검토하고, 숙고하는 힘이라든가 보고, 듣고, 느끼고, 움직이고, 만지는 능력 등, 물질적인 육체를 통해 표현하는 방식들에 익숙하죠. 육체의 한계를 벗어난 영은 스스로를 드러낼 수 있는 방식이 더 많아져요.

영의 영향력에 수용적이고 이 영향력을 여러분의 세계에 재현할 수 있는 영매가 있는 곳이라면, 이 에너지를 전하는 게 어느 정도 가능합니다. 그 양이나 질, 정도는 매개자의 수용성에 달려 있어요. 그리고 결과적으로 다른 측면들, 심령 능력의 상태라든가 영매의 진화 정도, 건강, 기상 상태와 그 시점에 존재하는 다른 사람들의 영향 등에도 좌우되죠.

다양한 기능을 수행하는 영매들을 통해 여러분의 세계에 영의 에너지를 소개할 수 있습니다. 이러한 에너지는 물리 법칙보다는 다른 법칙을 따르기 때문에, 외견상으로는 물질계에 적용되는 법칙과 모순되는 것처럼 보일 수 있습니다. 실제로 모순되는 것은 아니라 해도 말이지요. 그러한 영의 에너지로 치유 에너지를 들 수 있는데요. 생명력의 일부인 그 에너지가 여러분의 세계에 이러한 동력을 다양한 정도로 작동시키

죠. 그래서 질문에 대한 대답을 간단히 말씀드리자면, 치유의
에너지는 영의 일부이고, 그것의 한 측면입니다."

"훌륭한 답변입니다." 모임의 한 회원이 논평하면서 마지
막 질문을 읽었다. "심령 에너지는 진화의 어떤 수준에 이르면
자연스럽게 계발되는 힘인가요? 다시 말해 세상의 모든 사람
이 진화의 특정 단계에 이르면 결국 영매가 되는 건가요?"

"대답은 '그렇다'입니다. 인류의 진화란 현재 잠재된 특성
을 높이는 것을 뜻하기 때문이죠. 인간의 육체적인 진화는 정
점에 도달했어요. 하지만 정신적인 성취는 아직 절정에 이르
지 못했지요. 정신적이고 영적인 펼쳐짐이 진화의 다음 단계
입니다. 점차 세월이 흐를수록 인류 전체가 더욱더 심령 능력
에 눈을 뜨게 될 텐데요. 그러나 여기엔 단서를 달아둘 필요가
있습니다. 심령 능력을 표현하는 능력이 반드시 영적인 성취
로 인해 생기지는 않는다는 것입니다. 영혼의 진화가 이루어
지지 않은 상태에서도 영체의 모든 능력을 보여줄 수가 있어
요. 그러나 인간이 어떤 영적 수준에 도달하기 시작하는 건 헌
신을 목적으로 우리 세계의 존재들과 협동하면서 발전할 때입
니다."

상당히 뛰어난 영매가 남편과 함께 우리 모임에 참석해
실버 버치와 자신의 문제를 상의했다. 병으로 인해 쉬고 있던

그 영매는 일을 다시 시작하기를 간절히 바라고 있었다. 영적인 능력을 계발하려 하거나 이미 시작한 사람들에게 조언하는 일에 탁월한 면모를 보여온 실버 버치였기에, 이 대화가 영의 세계와 협력하길 갈망하는 모든 사람에게 도움이 될 것이다.

실버 버치가 먼저 인사말을 건넸다.

"세월이 흘러도 영적인 진리에 대한 신뢰가 변치 않는 오랜 친구를 맞는 것은 정말 기쁜 일입니다."

영매는 병상에 누운 뒤로 영의 세계와 차단이 된 것 같다면서 이렇게 말했다. "제가 살면서 하고 싶은 유일한 일은 헌신입니다."

"당신 앞에 길이 열릴 것입니다. 당신에게 영의 세계는 다른 사람들보다 훨씬 현실적이죠. 당신은 그곳의 경이로움과 기쁨, 아름다움, 밝음을 워낙 잘 알기에 사람들에게 그것을 말로 설명하기 어려울 정도예요."

"저에겐 너무나 현실적이죠. 하지만 인도령의 메시지가 오길 몹시 고대하고 있습니다."

"모든 영매가 마찬가지죠."

실버 버치는 인도령으로부터 차단된 듯한 느낌의 의미를 설명했다.

"에너지를 쓰는 게 건강에 안 좋을 경우 가끔 차단이 될 때도 있습니다. 정상적인 건강 상태가 아닐 때 영의 힘이 물러날 수 있다는 것을 감안하셔야 합니다. 그러나 당신은 현재 고비를 넘긴 상태네요.

당신은 수년 동안 영의 세계와 협력해왔지만, 그 기나긴 기간 동안 한 번도 영의 영향권을 벗어나 방황하도록 허용된 적이 없어요. 그것은 자유의지와 관련된 매우 어려운 문제입니다. 영의 영감과 인도가 자유와 충돌하는 지점이죠. 그러나 이러한 것들은 모두 상대적인 용어들이에요. 현재의 당신은 영의 세계와의 교류를 통해 이루어졌습니다. 당신은 협력의 삶을 살았죠. 자기 자신을 위해 살지 않았고, 당신과 함께 일한 존재들도 그 점은 마찬가지입니다.

협력이 시작된 시점부터 자유의지는 엄밀히 말해 존재하지 않았어요. 두 세계의 영향력이 뒤섞이고 어우러지고 조화를 이루면서 한쪽이 다른 쪽에 영향을 미치기 때문이죠. 그래서 당신은 두려워할 필요가 없습니다. 직접적인 메시지가 전해지지 않았다 해도, 당신은 자신이 가진 지식을 벗어나는 일은 결코 할 수 없다는 것을 알고 조용히 계속 나아갈 수 있어요."

영매가 대답했다. "잘 알겠습니다. 당신은 제가 메시지에 대해 염려하지 않고 평온하게 하던 대로 하길 원하시는군요. 저는 늘 확실히 해두고 싶었어요. 아마도 불필요했겠지만, 신중해서 나쁠 일은 없잖아요."

"당신이 걱정할 일은 아무것도 없어요. 결혼을 하신 뒤로 두 분의 삶은 영의 세계의 인도를 받아왔죠. 기억을 더듬어보시면, 지금까지 걸어온 길들이 어떻게 인도돼왔는지를 알게 될 겁니다. 영의 세계가 당신의 모든 문제와 장애물을 제거한다고 말하진 않겠습니다. 그러나 우리의 도움을 받을 때 지나치게 버거운 문제, 감당할 수 없는 일과 마주치는 일은 결코 없어요.

과거를 돌이켜본다면, 영의 손가락이 가야 할 길을 가리켰음을 알게 될 것입니다. 때로는 명확했고, 때로는 그다지 명확하진 않았지만, 언제나 가야 할 곳이 제시돼왔었죠. 난관에 봉착해 있을 때도 다치지 않고 멀쩡하게 빠져나왔으며, 결코 잘못된 길로 빠지지 않았어요.

저는 오랫동안 지상의 사람들을 인도하는 일에 종사하는 영들이 활용하는 방법들을 익혔어요. 패턴이란 게 있고, 이 패턴은 우리와 협력하는 모든 이들의 삶 속에서 비슷하게 존재해요. 이 패턴은 우리가 일을 시작하기 오래전에 정해졌죠. 그 패턴 안에선 우리가 개입할 수 있는 범위와 끼어들어서는 안되는 지점, 침묵해야 할 때와 말해야 할 때가 있어요. 그밖에도 항상 그 당시의 상황에 영향을 받게 되지요.

아무튼 확실한 패턴이 존재하며, 모든 인도령은 그러한 패턴 안에서 일해야 합니다. 그렇게 하기로 약속했기 때문이죠. 저는 저보다 훨씬 지혜로운 존재들이 정한 허용치를 벗어날 수 없답니다. 여러분의 세계에서 성취되어야 할 것을 결정하고 계획한 사람들이 그분들이기 때문이죠."

"그분들이란 게 누구를 말씀하시는 건가요?" 영매의 남편이 물었다.

"빛나는 존재들, 고급령들, 천사들, 스승들, 뭐라고 부르셔도 좋습니다. 우리가 하는 모든 일에 책임을 지고 있는 진화된 존재들이죠. 제가 곧 만남의 큰 기쁨을 얻길 고대하는 분들이에요. 제가 어떤 일을 했는지 보고하고, 어떤 지점에서 성공하고 실패했는지에 관해 듣게 될 겁니다. 그리고 저에게 어떤 기대를 하는지를 알려주시겠죠. 그분들 뒤에 더 진화된 영들의 그룹이 있고, 그 그룹 뒤에도 더 진화된 그룹이 무한하게 연결되어 있습니다.

이제 저는 우리와 협력하는 모든 분과 연관된 이 말씀을 드릴 수 있을 것 같습니다. 저는 두려움 없이 말할 수 있어요. 임무를 받아들이기 전에 부과되는 시험을 통과한 사람은 결코 생계의 어려움을 겪지 않을 것이며, 또한 버림받고 배신당하는 느낌을 받을 일이 없을 것이란 것, 그들이 영의 세계에 가졌던 신뢰가 깨지고 믿음이 사라지는 일은 결코 없을 것이란 점을 말입니다. 그런 일은 있을 수 없습니다. 여러분 세계의 매개자를 통해서 일하는 존재들이 발휘할 수 있는 힘은 사람들을 에워싼 모든 시련과 고난 속에서도 그들을 지탱하기에 충분하기 때문이죠.

당신이 해야 할 가장 중요한 일은 자신의 뒤를 받쳐주는 힘에 대해 온전하고 꿋꿋하고 확고한 믿음을 갖는 것입니다. 일상에 필요한 모든 것을 당신에게 주는 존재에 대한 묵묵한 신뢰를 갖는 것이죠."

실버 버치는 영매의 원래 질문으로 돌아와 반문했다.

"영의 세계의 영감 대신 당신 자신의 생각을 전하게 될지도 몰라 불안하신 건가요?"

"네. 그리고 더 충분한 도움을 줄 수는 없는지 염려가 돼요."

"당신의 사명은 아직 끝나지 않았어요."

실버 버치가 그녀를 안심시켰다.

"당신이 부여받은 재능이 많은 이들에게 봉사와 도움, 인도와 격려를 베푸는 일에 계속 쓰일 겁니다. 당신의 임무는 계속되어야 합니다. 아직 끝나지 않았어요. 당신의 인도령에 대해 더 많은 말씀을 드릴 수 있다면 좋겠네요. 그분이 우리 세계에서 얼마나 위대한 존재로 간주되고 있는지, 자신의 삶을 통해 쌓아온 인품에 대해서 말이죠.

말로 표현하긴 어렵지만 이 정도는 말씀드릴 수 있을 것 같은데요. 여러분의 세계로 돌아오는 존재들 중에 당신과 일하는 그분보다 더 큰 존경을 받는 이는 흔치 않아요. 그분은 우리 모두가 사랑하고 존경하는 존재입니다. 그분은 위대한 영혼이고, 그분의 사랑과 신뢰를 얻었다는 것에 긍지를 가지셔야 해요. 조금만 기다리시면 전처럼 다시 능력을 발휘할 수 있게 될 겁니다. 전보다 능력이 더 강해졌다는 걸 알게 될 거예요."

이 특별한 모임은 크리스마스 시즌 직전에 있었기에 늘 그렇듯 한동안 휴식 기간이 있을 예정이었다. 실버 버치는 모임에 나온 모든 사람에게 말했다.

"엄청난 고난의 시기 동안 여러분이 보여주신 모든 사랑에 깊이 감사드립니다. 여러분의 한결같은 모습에 저는 매우 큰 긍지를 느낍니다. 그에 대한 보답으로 저도 최선을 다해 도움을 드렸습니다.

우리의 협력은 놀라운 것이었습니다. 우리가 서로에게 가지고 있는 신뢰를 손상시킬 일이 전혀 없었기 때문입니다. 저는 여러분이 보여주신 사랑을 늘 기뻐하고 있어요. 그것이 저의 일을 훨씬 쉽게 만들었죠. 우리가 함께하는 이 사명을 위해 도움을 주시는 분들의 사랑을 받고 있다는 것을 알기 때문입니다.

우리가 갖고 있는 지식을 아직 접하지 못한 많은 사람들과 나눠야 한다는 것을 기억합시다. 우리가 해야 할 많은 일들, 지치고 희망을 잃은 채 위안과 빛을 갈망하는 무수히 많은 사람들을 늘 잊지 맙시다. 우리는 그들 중 몇몇 사람들을 도와 인생이 살만한 가치가 있다는 확신을 심어줄 수 있어요. 슬픔에 빠진 채 아직 위로받지 못한 많은 사람들, 가슴이 비탄으로 차고 두 눈에 눈물이 맺혀 있는 수많은 사람들을 기억합시다. 병자들 중에 영의 힘으로 치유될 수 있는 사람들이 많다는 사실을 기억합시다. 그리고 더욱 더 많은 사람들이 신의 한결같은 사랑과 지혜를 알 수 있도록 늘 이러한 진리를 전파하기 위해 노력합시다.

그러면 다시 만날 때까지 안녕히 계십시오. 사랑과 함께 왔다가 사랑과 함께 떠납니다."

CHAPTER 7

'깊이 존경받는' 헬렌

한 명은 영의 세계, 다른 한 명은 지상에 있는 두 위대한 영혼이 해넌 스와퍼의 모임에서 만났다. 이 모임의 인도령 실버 버치와 심령주의가 낳은 가장 뛰어난 영매 중 한 사람인 헬렌 휴즈*였다. 수년 동안 그녀의 소원은 실버 버치를 만나는 것이었다.

"여기서 뵙게 되어 매우 기쁩니다. 저는 영의 모든 매개자

---

* Helen Hughes(1893-1967): 출중한 능력의 영매였으며, 영국에서 마녀를 처벌하는 근거가 됐던 낡은 법령(1735년에 제정된 'Witchcraft Act')을 1951년에 '기만적인 영매술 처벌법'(Fraudulent Mediums Act)으로 대체하는 데 중요한 역할을 했다. 이 법령은 사실상 상식선에서 활동하는 영매의 존재를 국가가 인정한 것으로, 그로부터 3년 뒤 심령주의를 종교로 인정하는 법령도 통과되었다.

를 가슴 깊이 사랑하고, 당신처럼 자신의 의무를 성실하게 이행하는, 그리고 온 힘을 다해 헌신하려는 일념으로 살아가는 이타적인 분들은 더욱 크게 사랑하기 때문입니다. 저는 당신처럼 단지 매개자일 뿐이에요. 저를 보내신 분들을 위해 헌신하고 있죠. 당신을 잘 알고 있기 때문에 함께 이야기를 나누는 것이 매우 즐겁네요. 저는 당신과 여러 번 함께 있었어요."

뒤이어 실버 버치는 모임의 사람들 앞에서 마치 혼잣말처럼 말했다.

"이분은 위대한 영혼입니다. 제가 그 얼굴을 보고 말하고 있네요. 만일 우리에게 이분 같은 사람들이 많다면 얼마나 즐겁겠습니까! 임무를 감당할 만한 사람이 되게 해달라고 고요함 속에서 거듭 기도하는 훌륭한 영혼이죠."

"그곳에 계셨었군요." 유명한 영매인 헬렌 휴즈가 말했다.

"저는 당신의 마음과 영혼을 알고 있어요. 다른 사람들에 대한 사랑으로 가득 차 있지요.

당신의 삶은 즐거운 순례이고 어쩌면 저도 약간 도움이 될 수 있을 겁니다. 우리는 모두 오래된 일꾼들이죠. 그리고 지상의 육체에 갇힌 사람들은 아무리 열성적이고 헌신적이고 이상주의적이어도 간혹 지치고 의기소침해질 때가 있어요. 이것은 근본적으로 매우 민감한 사람들, 일반인들이 받아들이는 것보다 더 정화되고 섬세한 영향력에 감수성이 있는 사람들에게 해당합니다. 간혹 그런 쪽으로 너무 많은 영향을 받고 계시죠. 안 그런가요?"

"그렇습니다."

"당신은 힘을 간청하고, 당신을 짓누르는 듯한 슬픔을 가진 분들을 계속 위로할 수 있길 바라고 있지요. 영매가 되는 것이 항상 즐거운 일만은 아닙니다. 특히 자신들이 사랑했던, 이제는 고인이 된 이들이 나타날 거라는 기대감에 들뜬 사람들이 있는 큰 모임에서 당신은 그 모든 괴로움을 마음에 새기죠. 하던 일을 지금 당장 중단한다 해도, 당신이 살고 있는 시대의 역사에서 되돌릴 수 없는 흔적을 남기게 될 것입니다."

이러한 찬사에 대해 헬렌 휴즈가 답했다. "저는 영의 세계를 위해 최선을 다하려 하고 있어요. 늘 제가 원했던 만큼은 아니었겠지만요. 그래도 최선을 다했습니다."

"그 이상은 할 수 없었습니다. 때때로 그 약한 몸이 감당하기엔 너무 많은 일이 주어지는 바람에 일을 중단해야 할 때도 있었죠. 당신에게만 주어진 임무가 있다는 사실을 기억하세요."

"그건 사실입니다. 이제 알겠네요. 한 번 그런 적이 있었어요."

"몸은 영의 신전입니다. 영이 주도권을 쥐고 있고, 몸은 지상에 있는 동안 영을 표현하는 수단이죠. 그래서 약한 몸, 지친 몸은 영이 자신을 드러내기에 적절치 못한 상태가 됩니다. 매개체가 안 좋을수록 결과도 안 좋아요. 이제 잠시 물러나 힘과 원기를 얻고 재충전하는 비결을 배우셨지요? 이런 모든 일에도 불구하고 당신은 지금까지 해온 일을 바꾸지는 않을 겁니다."

"그럴 일은 없을 거예요."

"만일 인생의 기회가 한 번 더 주어진다면 같은 일을 하진 않을 거라고 말하는 사람들이 많죠. 하지만 당신은 같은 일을 하려고 할 겁니다."

"그럴 거라고 믿어요." 헬렌 휴즈가 말했다.

"저도 그러실 거라 생각합니다."

"위안을 받는 영혼을 보는 건 정말 굉장한 일이죠. 안 그런가요?"

헬렌 휴즈의 말에 실버 버치가 대답했다.

"그런 때야말로 당신이 자신의 일을 값어치 있게 여길 때죠. 우리 모두는 헌신이라는 큰 사슬의 고리를 이루고 있어요. 우리 뒤를 받쳐주는 힘은 우주를 창조한 위대하고 장엄한 힘입니다. 모든 것이 그 힘 안에 있고, 만물이 활동하는 모든 측면을 그 힘이 지탱하고 동기를 부여하고 조정하죠. 따라서 영의 매개자인 우리 모두는 인류에게 하나의 깨우침, 다시 태어나는 방법을 일깨워주는 위대한 목적 안에 결합되어 있습니다.

각자가 마음과 정신을 변화시키고, 자신의 영혼을 신과 조율하고, 신의 법칙과 조화를 이루며 살고, 삶 속에서 그것이 제공하는 모든 것을 끌어내는 법을 배워야 합니다. 그것이 우리가 하려는 일이죠.

당신은 축복을 받았고 놀라운 재능을 부여받았어요. 그리고 그러한 재능을 최대한 발휘하려고 애썼죠. 당신은 선택받았고 잘 처신해왔습니다. 그러나 당신이 해야 할 일들이 아직 많이 남아 있어요. 저는 젊은이들을 격려하는 걸 좋아하지만 나이 든 분들과 이곳에 있을 때 즐겁습니다."

휴즈 부인이 질문했다. "젊은 분들이 등장할 수 있게 제가 물러나야 할 시기가 된 건 아닌가요?"

"계속 그들을 인도하고, 길을 보여주셔야 합니다. 경험은 가장 큰 스승이고 경험을 대체할 수 있는 것은 없으니까요. 젊은 사람들은 조언을 거부하면서 저지른 자신들의 실수로부터 뭔가를 배우곤 하죠. 그러나 본보기와 훈계로부터도 배울 수 있습니다. '다른 사람들이 이렇게 일을 해왔고 지금도 이렇게 하고 있다면, 나는 이보다 더 좋은 방식으로 해봐야겠다.' 이런 식으로 말입니다.

아무튼 당신은 큰 축복을 받았고, 심지어 당신의 능력으로도 당신을 에워싼 장관을 볼 수는 없습니다. 당신은 자신 뒤에 있는 몇몇 존재들을 알고 있는데, 저는 그분들을 사랑합니다. 헌신하려는 열망으로 가득 찬 영혼들이기 때문이죠. 그러나 그분들 뒤에는 당신의 헌신의 일부를 이루는 다른 분들이 또 있어요. 스스로를 좀처럼 드러내지 않는 분들도 있는데 아주 가끔씩만 연락이 옵니다. 영의 세계의 깊은 영역과 접촉하는 단계에 이르면, 눈부신 빛에 감싸인 존재들을 접하게 됩니다. 그들은 우리 세계의 스승으로 여겨지죠. 제가 무슨 말을 하는지 아시겠지요?"

"네, 알고 있습니다."

그러자 실버 버치는 앞으로 해야 할 일에 대해 언급했다.

"우리는 지금까지 했던 것보다 더 나아가게 될 것입니다. 우리가 물질계로 돌아온 데는 이유가 있어요. 저는 운 좋게도 짜여진 계획의 일부를 볼 수 있었고, 두려움 없이 말씀드릴 수 있는데요. 지금이 새로운 주기라는 것입니다. 이 주기가 스스로를 드러내면서 당신이 다가가게 될 사람들이 전보다 훨씬 많아지게 돼요."

"세상이 이런 일을 필요로 하고 있어요." '존경받는 헬렌'

이라 불리는 그녀가 말했다.

"매우 절실하게 필요로 하고 있죠. 모두가 길을 잃었기 때문입니다. 우리는 어둠으로부터 세상을 건져낼 빛을 갖고 있어요. 사람들을 평화와 조화, 사랑과 인류애, 정의와 자비, 관용과 동정, 자선과 봉사로 이끌 길을 보여줄 수 있는 거죠. 이것이 우리가 이루고자 하는 목표입니다.

우리가 온 세상의 더 많은 수용적인 영혼들에게 영의 힘을 채우면 이러한 목표가 이뤄질 것입니다. 인간은 자기 존재의 목적을 깨닫고 지상에 살고 있는 이유도 알게 되겠지요. 자신이 영이고, 내면의 모든 힘을 끌어내 불필요한 잔인함이나 고통이 근절된, 더 공정하고 밝은 만민평등의 세계를 건설해야 할 신성한 숙명이 있음을 알게 될 것입니다. 그것이 우리 모두가 몸담고 있는 과업입니다. 여러분 세계의 어느 누구도, 교회의 파문, 포고령, 제명, 금지령 등 그 어떠한 것도 이것을 막을 수 없습니다. 여러분 안에 있는 영의 힘이 점점 커지고 있어요. 그것은 자신의 선한 의지를 행사할 것입니다. 동의하지 않으시나요?"

"동의합니다. 세상엔 편협한 사람들이 많죠."

"우리는 그들에게 길을 보여줘야 합니다. 그들이 삶의 법칙을 이해할 수 있게 일깨워줘야 해요. 그들이 신의 풍요로운 상급을 얼마든지 받을 수 있도록, 삶으로부터 가장 최선의 것을 얻는 방법은 정신과 영과 가슴이 열린 사람이 되는 것임을 보여주어야 합니다.

일단 사람들이 영의 세계와 접촉하게 할 수 있다면, 그 영향력으로 인해 각자가 낡은 미신과 편견, 완고한 신앙과 편협함을 버릴 수 있고 점점 자유롭게 됩니다. 우리가 전하는 것은 자유의 복음이에요. 속박 상태에 놓여 있는 수많은 영혼들이 해방의 기쁨을 맛볼 것입니다.

당신은 아주 큰 축복을 받았어요. 자신을 인도하고 지지할 사랑을 갖고 있습니다. 당신의 세계에서도 많은 사랑을 받고 있지만, 우리의 세계에서 훨씬 큰 사랑을 받고 있지요."

"그것이 제가 원하는 거예요." 헬렌 휴즈가 말했다.

"세상을 떠난 친지들과 다시 만날 수 있게 당신이 연결해주었던 많은 사람들로부터 얼마나 감사를 받고 있는지 아셨으면 합니다."

"저는 그분들이 저를 써주신 것에 감사하고 있어요. 제가 뭔가 중요한 일을 했다는 느낌을 받게 해주시니까요. 영들은 도움이 된다면 언제든 저를 쓸 수 있습니다."

"자발적인 봉사자가 있는 곳에서 제 마음은 언제나 충만해집니다. 저는 많은 분들에게 능력을 펼치고 영의 힘에 수용적이 되라고 권합니다만, 당신처럼 오직 헌신의 열망만을 가진 분을 만날 때면 더할 나위 없는 행복감으로 충만하게 됩니다."

헬렌 휴즈가 실버 버치에게 말했다. "저는 늘 제가 할 수 있는 일이 더 없을까 하고 생각해요. 그럼에도 또한 저를 통해 영들이 한 모든 일에 매우 감사하고 있어요. 저는 늘 신에게 기도해요. 분별력을 갖추고 헌신의 삶을 살 수 있게 해달라고요. 아첨으로 망가지기 쉬운 삶이긴 하지만 늘 분별력을 유지할 수 있었던 것을 감사하게 생각합니다."

"아주 훌륭한 처신입니다. 모든 이가 당신처럼 존재를 꽉 채울 정도로 한 가지 열망만을 품는다면 일이 많이 쉬워질 텐데요. 해야 할 많은 일들이 있어요. 굶주린 세상이 우리를 기다리고 있고, 우리는 그들이 필요로 하는 양식을 줄 수 있죠. 실패하지 않을 겁니다.

우리는 이곳에 머물러 있어요. 진리를 향한 모든 적대감과 증오심, 악의는 거대한 흐름을 막는 데 실패했습니다. 우리가 일깨우고 보여주려 하는 것은 우주의 섭리일 뿐입니다. 섭리의 작용을 방해할 힘이 인간에겐 없어요. 인류의 정신에 더욱 큰 진리가 깃들고 이해력이 커지면서 삶이 무엇인지에 대한 더 큰 각성이 생길 것입니다. 삶의 법칙에 대해 더 많은 이해를 갖게 되고, 자연의 법칙을 따르는 시스템을 건설하게 될 것입니다. 그릇된 신에 대한 그릇된 숭배는 중단되고, 물질주의의 지배가 막을 내리며, 이기심과 탐욕이 약해질 것입니다. 진리와 이성이 득세하고 평화와 정의가 통치할 것입니다.

이것은 꿈이 아닙니다. 때가 무르익었을 때 실현될 것입니다. 그리고 당신은 그러한 일을 앞당기는 데 도움을 주고 있어요. 저는 우리의 세계로부터 당신에게로 전해지는 사랑을 적절하게 전달하지 못하겠어요. 제가 가질 수 있는 모든 진심을 다해서 말씀드리는 것입니다. 당신은 자신을 에워싼 사랑이 얼마나 큰지를 모르고 계세요. 그 사랑이 당신을 인도하고 지탱하고 방향을 제시하죠. 그리고 어떠한 그늘도 당신의 길을 가리지 못했어요. 영의 힘이 그것을 걷어내고 앞에 놓인 길을 항상 명확하게 보여주었기 때문이죠."

투시에 대한 이야기가 나오자 실버 버치는 이러한 능력을 활용하는 영매들이 아름다운 모습만을 보는 것은 아니란 점을 지적했다.

"우리의 책임이 막중하다고 느끼는 게 그런 때예요." 헬렌 휴즈가 말했다.

"사람들이 전에 제가 이 말을 하는 것을 들었을 텐데요. 시련을 겪기 전까진 변화할 수 없다는 것 말입니다. 깊이를 재보지 않고선 높이 오를 수가 없습니다. 슬픔을 맛보지 않고선 행복이 무엇인지 알 수 없고요. 그늘에서 지내보지 않고선 햇볕을 즐길 수 없죠. 모든 삶은 상대적이에요. 아무리 깊은 바닥으로 떨어진다 해도 그에 상응하는 높이로 올라갈 수 있음을 깨닫는 것은 사람들에게 큰 격려가 됩니다."

그러고서 실버 버치가 헬렌 휴즈를 인도하는 영들에 대해 몇 가지를 언급했다.

"그분들은 위대한 목적을 갖고 있어요. 고도로 진화한 존재들이죠. 당신은 가끔씩 물질계의 사람들이 이르렀던 가장 높은 경지에 도달하기도 합니다. 야곱의 사다리*가 있습니다. 각각의 가로대마다 한 존재가 있어서 메시지를 내려주죠. 간혹 과정이 단축되기도 하고, 사다리의 끝에 가까워지면서 그들의 영향력이 존재를 드러냅니다. 많은 것을 말할 수는 없습니다. 영적인 가치가 올라갈수록, 세속의 모든 드러남으로부터 멀어지기 때문이죠.

이러한 영역에 거주하는 존재들은 빛입니다. 빛과 사랑이 그들의 실체예요. 그들은 인간이 각각의 사람들을 인식하는 것처럼 세속적인 특징을 갖고 있진 않습니다. 당신의 사명을 책임지고 있는 분은 영의 세계에서 정말 존경받는 분이에요.

★ 성경의 야곱이 꿈에서 본, 하늘까지 닿은 사다리.

영의 힘은 위대한 실체입니다. 그것은 눈에 보이지 않기 때문에 사람들은 그것이 덧없고 막연하고 실체가 없으며, 아무런 물질적 바탕도 없는 것이라 생각하죠. 그러나 영의 힘은 그 어떤 세속적인 실체보다도 강력합니다.

그 힘이 초점을 맞추고 있는 사람이 있다면 그는 그것을 행운으로 여겨야 해요. 영의 사랑을 받는 존재들은 두려워할 필요가 없습니다. 물질계 전체를 통틀어 그들에게 어떤 실질적인 손상을 입힐 수 있는 존재가 없기 때문이죠. 그 힘이 그들을 지키고 평생에 걸쳐 인도할 것입니다."

"당신은 많은 사람들을 도왔습니다. 당신의 메시지는 수많은 사람들에게 전해졌고 놀라운 위안이 되었죠." 헬렌 휴즈가 말했다.

"저는 매우 어려워 보이는 임무를 맡았지만, 어느 정도 성공했어요. 몇몇 영혼들에게 감화를 줄 수 있었지요. 만일 우리가 오직 한 사람을 도와 내면의 평화를 찾을 수 있게 했다 해도, 오직 한 사람을 도와 슬픔의 눈물을 멎게 했다 해도, 오직 한 사람에게만 빛을 밝힐 수 있었다 해도, 저는 기뻐했을 겁니다. 충분한 가치가 있는 일이니까요. 그러나 우리는 아주 수많은 사람들에게 영향을 미칠 겁니다."

헬렌 휴즈에게 몇 가지 개인적인 메시지를 더 전한 뒤에 실버 버치는 대화를 마무리했다.

"제가 당신에게 드릴 수 있는 어떤 도움이나 조언이 있다고 생각하신다면, 말씀하세요. 할 수 있는 것은 무엇이든 하겠습니다. 저에게 고마워하지 마시고 신께 감사를 드리세요. 우리는 모두 인류를 돕는 사명에 몸담고 있는 신의 봉사자입니다. 뿌듯한 기쁨으로 계속 나아가세요. 그리고 해야 할 일들이 많다는 점을 기뻐하세요. 당신이 어루만질 수 있는 영혼들, 위안을 줘야 할 고뇌에 찬 사람들이 많습니다. 당신을 통해 길을 찾은 많은 이들의 사랑이 한목소리로 표현되고 있어요. '신께서 그대의 고귀한 일을 축복하시길!'이란 말로요."

전국적으로 수많은 사람들과 교령회를 했던 또 다른 영매 에디트 클레멘츠Edith Clements는 실버 버치의 모임에 초대받았을 때 수년 동안 간직했던 소원을 이뤘다. 이 영매의 참석에 실버 버치는 다음과 같이 기쁨을 토로했다.

"심장만큼이나 가까이 있는 대의를 위해 오랫동안 헌신해온 성실한 일꾼을 맞는 것은 정말 기쁜 일입니다. 당신처럼 민감한 사람조차 자신을 둘러싼 그 모든 사랑과 애정, 우정과 동료애를 완전히 인식하진 못합니다. 제가 볼 수 있는 것을 당신도 충분히 명료하게 볼 수 있도록 눈이 완전히 열린다면 얼마나 좋을까요.

당신 뒤에 서 있는 빛나는 존재들의 그룹이 있어요. 그분들 중 몇몇은 당신도 모릅니다. 그럼에도 그들은 수많은 어둡고 침울한 우여곡절로 가득 찬 당신의 삶 속에서 전력을 다해 돕고 있었지요. 그 영들은 망설임 없이 당신을 강하게 만들고, 지지해왔으며, 당신이 쉴 수 있고 힘을 얻어 일을 계속할 수 있는 평화로운 안식처로 인도해왔어요."

"그게 제가 간절히 바라는 것이에요. 제가 너무 무가치한 일을 한 것은 아닐까 염려되는 경우가 많았지요." 에디트 클레멘츠가 말했다.

"우리 모두가 무가치합니다. 그러나 그것은 인간적인 나약함이죠. 만일 우리가 모두 완벽하다면, 우주는 존재를 멈추고 그 목적이 완성될 것입니다. 무한한 우주에 존재하는 영원한 생명이 펼쳐지고 진화하는 과정은 끝이 없어요. 무가치함을 과장하지 마세요. 당신이 아니었다면 많은 사람들이 풀이 죽었을 것이고, 그 당시에는 엄청나게 보였던 어려움에 직면해 자포자기했을 겁니다."

"저는 조금 더 일을 계속할 수 있는 힘을 원할 뿐이에요."

"당신에게 주어진 힘이 없었다면 이 세상에 존재할 수도 없었을 겁니다."

"그 말씀을 믿습니다."

"우리는 법칙에 따라 일해야 해요. 법칙은 전달될 수 있는 힘의 양을 정하죠. 심신이 약할 때, 우리가 제공하고자 하는 모든 것의 흐름을 막는 결함이 존재할 때, 그것이 한계가 되는 겁니다. 그 당시의 상황에 따라 이뤄져야 할 일이 이뤄져 왔어요. 혼자서 엄청난 시련을 감당해야 할 때면 당신은 온 힘을 다해 갈 길을 보여주십사 기도했죠. 때론 어둠이 당신을 집어삼킬 것처럼 보였지만, 언제나 길이 열렸어요. 빛이 다가왔고 당신은 스스로를 구원할 수 있는 길로 발을 들였죠. 당신은 영의 세계와 협력하기로 결정한 순간부터 자신을 인도해온 그 힘에 무조건적인 신뢰를 두었어요."

"그 믿음이 한 번에 거의 사라졌었죠." 영매가 고백했다.

"저는 곧잘 친구들에게 말합니다. '믿음을 가질 때는, 모든 일이 잘 풀리고 태양이 빛나고 새들이 지저귀고 마음이 행복하고 근심이 없을 때가 아니다.' 모든 것이 잘 될 때 믿음을 갖는 것은 쉬운 일이에요. 믿음의 시기는 하늘이 칠흑 같은 어둠으로 덮이고, 돌아갈 길이 없고, 모든 것을 잃은 것처럼 보일 때입니다.

지상의 삶에서 다가오는 거친 길로부터 우리가 늘 당신을 보호할 수는 없습니다. 당신의 영혼이 그들로부터 보호되는 것이 좋은 것만은 아니에요. 영혼이 성장하고 진화하려면 많은 역경을 겪어야 하죠. 그러한 경험들로부터 강해지는 겁니다. 불 속에서 단련되면 강철처럼 강해지죠.

만일 당신이 어떤 체험으로 인해 더 이상 계속할 수 없다고 느껴 믿음을 버린다면, 당신 스스로를 저버리는 겁니다. 이 지점에서 이의가 제기되는 것이 저는 두렵지 않아요. 지상의 어떤 누구라도 자신의 힘으로 견디고 극복하지 못할 체험은 없으니까요. 신은 무한한 사랑과 지혜입니다. 신의 섭리는 그 작용이 완벽해요. 어떤 일이 그 당시엔 아무리 혹독해 보여도, 당신에겐 이겨낼 힘이 있어요. 도망치기 쉬운 길이라 여겨지는 선택을 하는 사람들은 큰 실수를 저지르는 거예요. 종국에 가서는 가장 힘든 길이 되기 때문이죠."

실버 버치는 에디트 클레멘츠에게 이러한 찬사를 보냈다.

"당신은 헌신이 이뤄지는 곳의 경이로움을 곰곰이 생각해 본 적이 있나요? 많은 사람들의 마음에 희망이 감돌고, 슬픔의 눈물이 미소 띤 기쁨으로 바뀌고, 무거운 짐이 사라지며, 음울한 슬픔이 앎으로 인해 평온함으로 변하는 그러한 것들을 말입니다. 당신은 큰일을 하신 거예요."

"저는 당신들의 도움 없이는 해내지 못했을 거예요."

"네, 하지만 우리도 당신들의 도움 없이는 해내지 못했을 겁니다."

"저는 그 점에 대해 아주 겸손해야 할 것 같은 느낌을 받아요."

"겸손해하실 것 없어요. 우리는 세상 사람들의 생각을 바꾸는 위대한 과업을 위해 협력하고 있어요. 그릇된 가르침으로 인한 노예 상태와 독재를 몰아내는 데 보탬이 되고, 너무 많은 사람들을 지나치게 오랫동안 지배해온 오류와 미신의 결과인 노예 상태와 속박을 없애기 위해 일하고 있죠. 그것은 위대한 과업입니다. 감옥 문을 열어젖히고 나와 어둠을 뒤로하고 빛으로 들어간 모든 영혼은 영의 힘의 승리를 보여주죠. 그리고 이제는 그런 사람들이 많습니다. 당신은 도움이 되었어요. 그러니 성취한 일을 기뻐하세요."

"당신은 낙담해본 적이 있나요? 엄청난 과업처럼 보일 게 분명한 일들이 많을 것 같네요."

"저는 낙담하지 않아요. 엄청난 난관에도 성취했던 일들을 알고 있기 때문입니다. 당신의 세계에서 일해온 우리 중 다수가 극복하기 어려울 것처럼 보였던 악조건과 함께 출발했었죠. 그러나 그러한 악조건들은 제거되었고, 영의 힘이 점점 더 많은 봉사자들을 통해 흘러가 그것을 필요로 하는 인간들 사이에서 은총을 꽃피웠습니다. 영의 힘이 여러분 사이에 내려

온 이후로 거대한 변화가 몰려왔어요.

성장과 진보가 있었는데도 낙담을 해야 하나요? 그렇지 않습니다! 주변을 둘러보면 아직도 방대한 영역에서 해야 할 일이 있고, 우리는 최대한 많은 사람들에게 이르기 위해 힘을 모으고 있습니다. 아직도 해야 할 엄청난 일이 있어요.

해야 할 일은 해왔던 일보다 더 크지만, 토대는 이미 놓여졌지요. 충직하고 성실한 영혼들의 희생과 분투, 노고가 모두 도움이 되었어요. 지금 영의 힘이 여러분의 세계에 머물며 그것을 필요로 하는 모든 이를 돕기 위해 있습니다. 그것과 함께 오는 기쁨을 안겨주기 위해서 말입니다."

그러고서 실버 버치는 그녀를 격려했다.

"땅을 일구면 수확이 풍성하고 노고가 결실을 맺을 것입니다. 당신의 가장 깊숙한 내면에 충실하다면 우리를 실망시키지 않을 거예요. 사랑이 당신을 인도하고 지탱한다는 것을 늘 기억하세요. 당신을 활용하는 존재들은 신성한 임무, 인류를 위해 헌신하려는 열망에 고취된 이들입니다. 그러한 헌신은 풍요로운 것이며 고양된 모든 영혼은 자신을 발견하고 신을 발견한 영혼입니다."

CHAPTER 8

영매가 트랜스 상태에 있을 때

영이 트랜스* 상태의 영매를 통제하면서 대화할 때의 어려움에 대해 궁금하게 생각한 적이 있는가? 실버 버치는 질의 응답 모임에서 우리에게 그 점에 대해 말했다.

"질문을 들을 때는 영매의 귀를, 질문에 답할 때는 그의 입을 이용하냐"는 질문에 실버 버치는 다음과 같이 대답했다.

"그렇습니다. 영매를 통제하는 동안에는 거의 완전히 이 영매가 되어버리죠. 제가 영매를 책임지는 동안 잠재의식을 통해 활용에 필요한 몸의 모든 부위에서 통제력을 발휘합니다."

★ trance: 영매가 의식을 잃고 영이 입신한 상태.

"영매를 트랜스 상태로 만들 때 당신과 영의 세계의 접촉이 끊어진다는 뜻인가요?"

"아니죠. 성공적인 통제의 기술은 ─ 그리고 그것이 발전을 해야 하는 이유입니다만 ─ 영매를 통제함과 동시에 영의 세계와의 접촉을 완벽하게 유지하는 데 있어요. 통신 라인을 모두 열어놓고 정보를 보내는 곳과의 연락을 유지해야 합니다. 제2차 세계대전이 한창일 때 여러분은 제가 가끔 통신 라인이 한두 가닥으로 제한되어 있다는 말을 하는 것을 들은 적이 있었을 텐데요. 통제에 관한 한 여건이 너무 안 좋아서 영매를 장악하기 위해 통신 라인을 하나둘씩 포기할 수밖에 없었다는 뜻입니다."

"가끔씩 '하나가 끊어졌다'는 말씀을 하셨죠."

"네, 통제를 하는 동안 의도적이건 무의식적이건 방해가 생깁니다. 라인 하나가 끊어지면 수리팀이 작업을 하는 동안 기다려야 합니다. 여러분이 전화 통화를 할 때보다 훨씬 복잡한 과정인데요. 적어도 여러분은 똑같은 차원에서 소통을 하잖아요. 우리는 완전히 다른 두 차원 간의 통신을 유지해야 합니다. 그렇기 때문에 고도로 진화된 인도령의 개인적인 희생이 필요해지죠. 거친 물질계에선 영들의 특성이 감응되지 않기 때문인데요. 그래서 개성의 일부가 표현될 수 있도록 조정을 하기 위해 파동을 낮춰야만 합니다."

또 다른 질문자가 물었다. "영매는 트랜스 상태에 있을 때 특정한 감각을 느낄 수 있나요?"

"이전과 이후에는 감각을 느낄 수 있지만 트랜스 상태에서는 아무런 감각도 느끼지 못합니다. 트랜스 상태에 든다는 것은 주변에서 일어나는 어떠한 일에도 영향받지 않게 된다는 뜻이니까요. 물론 의식을 잃은 상태란 것도 얕은 최면 상태에서부터 완전한 무감각에 이르기까지 등급이 있죠. 완벽한 트랜스 단계에 이르면 확실히 아무런 감각도 느끼지 못합니다. 그러나 초기 단계에서는 영매의 의식이 육체적인 몸과 연계되어 기능하지 않다 보니 약간의 감각이 느껴질 때도 있어요. 그때의 감각은 다양한데요. 외부의 밝음을 느낀다거나, 먼 곳으로 이동하는 듯한 느낌을 받는 사람도 있죠. 말소리가 멀리서 전달되는 것처럼 들릴 때도 있고요. 아주 다양합니다."

영이 영매에게 어떻게 영향력을 미치는지에 대해 설명하면서 실버 버치는 다음과 같이 말했다.

"두 가지 방법이 있어요. 첫 번째는 어려운 것입니다. 영이 물질계에 영향력을 미칠 때, 그 세계와의 아무런 사전 접촉 없이 일을 시작하는 게 얼마나 어려운 일인지 아마 모르실 겁니다. 어떤 사람에게 초점을 맞춘 뒤 순전히 집중력만으로 생각을 쏘는 것인데요. 그 사람이 무의식적으로 영향을 받도록 하는 겁니다. 즉 그 사람이 어떤 장소로 이동하고 싶게끔 만드는 거죠. 물론 이 사람은 자기가 그렇게 생각해서 하는 거라고 여기게 돼요. 그렇게 해서 첫 번째 연결이 생길 수 있는 장소 (교령회)로 가게 되죠. 이것은 아주 어려운 일이라 몇 년이란 시간이 걸립니다. 간혹 너무 오랜 시간이 걸려, 저 같은 경우는 영매가 태어나기 전부터 작업을 시작할 정도였죠.

그 단계가 끝나면 그다음은 그리 어렵지 않습니다. 일단 매개자, 즉 영매가 생기면 자신을 표현할 수 있기 때문인데요. 아무리 엉성해도 최소한의 자기적인 연결이 구축되면 쉽사리 끊어지지 않아요. 영향력은 처음에 비해 점차 증가될 수 있고, 이 통로는 영 쪽의 입구가 깔때기 모양처럼 점점 커질 수 있어요. 오직 영매 쪽의 수용력에서만 제한이 생길 뿐입니다. 그 부분이 늘 우리와의 협력의 규모 면에서 한계로 작용하기 때문인데요. 문제는 항상 우리가 아닌 영매 쪽에서 발생하죠.

사람들이 '왜 영의 세계는 이러이러한 일을 하지 않는가?' 라고 물을 때, 그 답을 확실하게 말씀드리자면 매개의 역할을 하는 사람들이 그것을 가능하게도 하고 불가능하게도 한다는 것입니다. 자기적인 연결이 만들어진 뒤에는 일이 훨씬 쉬워집니다. 우리의 세계를 통해 영의 힘이 여러분에게 이를 수 있기 때문이죠. 여러분이 자유의지로 내면의 자아를 계발하도록 허용한다면, 영원한 실체인 그 부분이 물질계에서 자신을 표현하기 시작해요. 죽음의 문턱을 넘을 때까지 기다릴 필요가 없어지는 거죠. 그러면 시간이 흐르면서 연결이 점점 강하고 효과적으로 이루어집니다. 그런 뒤에 다양한 사람들을 모으는 일은 그다지 어렵지 않죠. 그들의 만남은 계획의 일부이기 때문입니다. 여기까지가 가장 어려운 첫 단계입니다.

저는 모든 것을 말씀드립니다. 여러분 모두가 예외 없이 영의 힘에 수용적인 조건을 갖춰왔기 때문입니다. 영의 힘이 여러분에게 다가갈 수 있고, 여러분은 그 힘이 스스로를 표현하도록 도울 수 있죠. 그리고 여러분은 다른 사람들도 도움을 받을 수 있도록 해주는 매개자가 될 수 있어요. 그래서 저는 처음에 시작했던 지점으로 돌아가 말씀드리는 겁니다.

저에게 고마워하실 필요는 없어요. 그것은 여러분이 영의 힘의 영향권 안에 들어올 수 있는 단계들을 거쳤기 때문입니다. 여러분은 지상의 세계가 줄 수 있는 것들을 무제한으로 마음껏 누릴 수 있으며, 더 큰 도움의 원천을 마음대로 활용할 수 있다는 것을 자각하고 있습니다. 살면서 이러한 이해를 갖게 된 것에 늘 기뻐하세요. 사랑이 여러분의 세계뿐 아니라 우리의 세계에서도 여러분을 돕고 있다는 사실, 혈연으로 맺어

진 것은 아니지만 그 정도로 여러분을 사랑하고 최선을 다해
도움을 주고자 하는 존재들이 있다는 사실에 기뻐하십시오."

그의 오랜 친구들이 거듭 감사를 표하려 했지만 실버 버
치는 언제나 그랬듯이 감사받기를 거절했다.

"저에게 고마워하실 것 없습니다. 그게 제가 말씀드리려
애썼던 거예요. 그리고 제가 이 부분을 말할 때는 단지 말만
그렇게 하는 것이 아니란 점을 알아두셨으면 합니다. 여러분
은 저를 보신 적이 없어요. 영매의 몸을 통해 나오는 목소리
말고는 저에 대해 아는 게 없으신 거죠. 그러나 저는 실재하는
인간이란 점을 말씀드립니다. 느끼고, 알고, 사랑하는 능력을
가진 실제로 존재하는 인간이에요. 제가 하는 일로 인해, 필요
로 하는 사람들을 돕는 데 쓸 수 있도록 엄청난 힘이 단계적으
로 계속 흘러들어옵니다.

실재하는 것은 여러분의 세계가 아니라 우리의 세계입니
다. 지구라는 행성을 떠나기 전까지는 이 사실을 이해하기 어
려우실 텐데요. 여러분은 환영 속에서 살아가고 있어요. 모든
것이 그림자일 뿐이죠. 빛은 우리의 세계로부터 나옵니다. 그
곳은 실체가 있는 곳이며 그곳으로 가기 전까지는 삶이 정말
로 무엇을 의미하는지 알 수 없을 겁니다. 그러나 그것은 너무
강렬해서 여러분에게 전하기가 어렵습니다. 저를 언제나 여러

분 곁에 있는 나이 많은 형제로 생각해주세요. 여러분을 사랑하고, 하루종일 여러분을 지키고 인도하려는 마음으로 진심을 다해 돕고자 하는 형제 말입니다."

실버 버치는 자신의 친구의 집을 방문하는 것에 대해 언급하며 말했다.

"저는 당신이 알고 있는 것보다 훨씬 자주 이곳에 오고 있어요. 이곳을 저의 지상의 집들 중 하나로 여기고 있지요. 제가 갈 수 있는 곳, 저를 향해 늘 사랑을 보내는 가족이 있는 곳으로 생각합니다. 상황이 좋지 않을 때 — 여러분의 세계에서 일할 때 곧잘 그렇게 되는데— 와서 여러분의 사랑의 빛으로 기운을 차릴 수 있는, 큰 만족과 기쁨의 원천인 것이죠.

우리는 늘 도와주신 일에 대한 보답을 해요. 우리를 도와주신 분들은 더 큰 도움을 받게 된다고 말씀드립니다. 그렇게 청산이 될 때, 우리가 갚은 것이 받은 것보다 많다는 게 드러날 겁니다. 베푼 사람이 받게 되는 것이 법칙입니다. 베풂으로 인해 자신들의 영혼과 마음, 가슴이 열리고 그렇게 열린 통로를 통해 사랑과 인도, 보호가 들어오기 때문이지요. 그러니 저에게 고마워하지 마십시오. 저는 아주 적은 일을 했을 뿐이에요."

실버 버치에 대한 믿음으로 제2차 세계대전을 버틸 수 있었다고 어떤 사람이 말하자, 그가 대답했다.

"저는 뭐랄까, 대변자, 대리인, 제가 도움을 드리는 더 큰 존재들의 상징이라 할 수 있어요. 그분들의 힘이 여러분을 에워싸고 지탱하는 힘입니다. 여러분을 인도하는 힘이죠. 이것을 아는 분들, 영의 세계의 협력을 얻은 분들이 그 힘을 원할 땐 어디에서든, 더 큰 삶이 여러분에게 제공할 수 있는 풍부한 힘이 옵니다. 여러분 같은 분들은 어떤 두려움과 근심 걱정도 하실 필요가 없어요. 완전한 사랑, 완전한 믿음이 모든 두려움을 몰아낼 것이기 때문이죠.

물질계의 사람들은 두려움을 느끼기 시작하면 자기 주변의 대기를 교란하는 기운을 발산합니다. 이러한 교란이 도움을 주러 온 영의 접근을 불가능하게 만들어요. 여러분의 세계에서 작용하는 영의 힘은 조용하고 차분한 자신감이 있어야만 합니다. 모든 두려움이 물러나고 더 큰 삶과의 조화를 이루는 빛이 있어야 하는 거죠. 어떠한 일이 일어나도 다치지 않으리란 것을 영혼이 알 수 있도록 말입니다."

"그러니까 지금까지 이뤄진 일들이 당신의 덕택입니다." 그의 친구 중 한 사람이 말하자 영의 치유로 인해 큰 덕을 봤던 또 다른 사람이 말했다. "제게도 큰 도움을 주셨다고 생각해요."

실버 버치는 대답했다.

"특히 당신은 영의 힘이 이룰 수 있는 일의 살아 있는 본보기입니다. 우리는 어느 누구에게도 맹목적인 믿음, 이성의 동의를 얻을 수 없는 믿음, 불가능하거나 기적적인 기대를 강요하는 믿음을 요구하지 않습니다. 진화의 현 단계에서 인간들에게 자신이 활용할 수 있는 모든 지식을 갖기를 기대할 수는 없어요. 수용력과 능력, 성숙도에 따라 부분적인 지식이 주어져 왔죠.

이제 인생의 철학을 세울 수 있는 토대로서의 그 지식으로 여러분은 믿음을 가질 수 있습니다. 여러분이 이미 받은 것들로 인해 배후에 존재하는 힘이 입증된다는 믿음이죠. 물리적인 조건이나 측정으로 모든 것이 입증될 수는 없는 일이기에 여러분은 어느 정도 믿음을 가져야만 합니다. 영의 세계가 전부 여러분의 물질적인 삶으로 환원될 수는 없어요. 존재의 또 다른 단계이니까요. 그러나 영의 세계의 일부는 그것을 드러낼 수 있는 매개자가 있는 곳이라면 어느 정도 입증될 수 있습니다. 그것을 기반으로 삼아 그 밖의 합리적인 모든 것을 받아들일 수 있는 거죠.

늘 말씀드리지만 저의 말이 불합리하고 상식에 위배되거나 지성을 모욕한다면, 그 말을 믿으시면 안 됩니다. 저는 필요하거나 여건이 허락될 때마다 저 자신을 입증해왔어요. 나머지 부분에서는 믿을 수 있을 만큼 믿으셔야 합니다.

그러나 이것만은 말씀드려야겠네요. 지난날을 되돌아보면, 여러분의 삶에서 단순한 우연이라고 설명하기 어려운 부분들이 많았다는 것을 알 수 있습니다. 영들과의 연대가 이루어진 그 순간부터 여러분에게 도움이 주어졌다는, 분명하고 오해의 소지가 없는 증거들이 있을 텐데요. 저는 이곳에서 여러분과 인연을 맺고 있는 모든 존재의 사랑을 여러분에게 전하려하지는 않겠습니다. 그건 너무 많은 시간이 걸릴 테니까요.

그러니 여러분은 이 점을 받아들이셔야 합니다. 여러분이 아는 모든 영은 여러분에게 다음과 같은 사실을 일깨워줄 기회를 갖길 열망하고 있어요. 사랑은 불멸하며, 지상의 무덤은 지금까지 서로 연결되어 있던 사람들에게서 솟아나는 벅찬 감정을 차단할 아무런 힘도 없다는 것을요."

실버 버치는 모임의 모든 사람에게 말했다.

"제가 여러분과 늘 가까이 있다는 것을 확신시킬 기회를 주셔서 매우 감사합니다."

가장 나이 많은 참석자가 감사해하며 말했다. "당신은 우리에게 매우 큰 위안이 되었죠."

그러자 실버 버치가 대답했다.

"여러분이야말로 우리에게 큰 위안이 되었습니다. 이전에 보여주셨던 것과 같은 견고함으로 계속 나아가세요. 여러분은 그 모든 어려움을 헤쳐나왔습니다. 맹렬한 화염 속에서도 다치지 않았지요. 두려움을 갖지 마세요. 그것이 제가 끊임없이 강조하고 반복했던 메시지입니다. 여러분을 떠받치는 힘은 어떤 일이 있어도 여러분을 저버리지 않아요.

무한한 힘이 여러분을 감싸고 있고, 무한한 사랑이 여러분을 인도하며, 여러분이 필요할 때마다 쓸 수 있는 무한한 지혜가 있다는 점을 잊지 마시고 두려움이나 불안감 없이 앞으로 나아가세요. 우리는 모두 신의 봉사자들입니다. 신은 온 세상이 사랑과 아름다움, 관용과 동정, 정의와 공감으로 채워지길 바라고 계세요."

실버 버치는 또 다른 모임에서, 심령주의 발전의 다음 단계에 대한 토론이 있었을 때 영매술에 대해 다시 언급했다.

"앞으로 큰일이 일어날 것입니다. 향후 몇 년 안에 지금까지 있었던 것보다 더 큰 진보가 이뤄질 겁니다. 많은 사람들이 이전 시대보다 빠른 속도로 영의 힘의 영향을 받게 됩니다. 세상을 휩쓰는 새로운 생활양식의 변화를 통해 그 필연적인 결과로, 영의 진리에 대해 더 많이 알고자 하는 바람이 생겨나지요.

여러분은 이러한 진리의 전진을 가로막고 억압하는 세력들이 있었던 시절을 거쳐왔어요. 이제 기초는 놓여졌고, 여러분은 점점 더 많은 결과를 물질계 전체에 걸쳐 보게 됩니다. 수 세기 동안 영적인 문제의 권위자로 간주되어왔던 이들에게는 더 이상 어떠한 권위도 존재하지 않게 되지요. 그들은 자신들의 파탄을 연이어 고백하게 됩니다. 실패를 인정하는 그들을 생명의 거대한 물결이 지나치면서 아무도 관심을 갖지 않는 작은 섬으로 남겨지게 되죠. 그들의 시대는 막을 내렸습니다. 그들의 힘은 쇠퇴했고 더 이상 많은 이들이 그들의 목소리에 귀를 기울이는 일은 없을 것입니다.

과학적인 발견의 취향을 따르는 사람들이 더 많은 관심을 받게 된다 해도, 더 높고 고결한 본성의 통제 없이 그러한 기술 개발이 허용될 때 어떤 일이 일어나는지에 관해서 전례 없는 증거들이 나오고 있지요. 종교라 불리는 것은 세상에 도움이 되지 못하고 있어요. 그리고 과학으로 알려진 것은 헌신과 이타적인 동기에 의해 인도되어야만 합니다. 과학의 발견이 인류의 개선과 향상에 활용되고, 더 큰 절망과 고민, 걱정거리를 몰고 오진 않도록 말이죠. 그리고 이 부분이야말로 우리의 지식이 최고의 자리를 차지하는 곳입니다. 우리는 죽어가는 종교와 떠오르는 과학의 사이에서 다리를 놓을 수 있기 때문이죠. 입증할 수 있는 근거에 따른 종교의 진리를 제공하니까요.

우리는 몇 번이고 입증될 수 있는 사실들을 보여드립니

다. 이러한 기반 위에, 인간은 어떠한 형태의 죽음으로도 파괴되지 않는다는 영적 본성의 확실한 근거를 바탕으로 여러분은 진정한 종교를 세우게 됩니다. 종교가 더 이상 믿음의 문제, 신앙, 희망, 추측, 두려움의 문제로 간주되어서는 안됩니다. 그것은 확인할 수 있는 사실의 영역으로 들어왔고, 인간은 자신이 불멸하는 영적 존재이며 숙명의 일부를 성취하기 위해 지상에 보내졌다는 것을 배우고 있지요. 그러므로 인간이 부여받은 재능을 남을 돕는 일에 쓰지 않는다면 그것을 악용하는 사람들의 진화가 늦어지면서 그로 인해 전체 인류가 고통을 받게 됩니다.

그러나 사실로 입증된 이러한 영적 진리로 인해 인간은 자신을 인도할 진리의 빛을 갖게 되었고, 그간에 성취된 모든 것이 인류 전체에 더 큰 희망을 주고 있습니다. 그들은 자신을 따르는 사람들이 노고의 결실을 만끽할 수 있도록 더 나은 시스템을 만들 것입니다. 뒤따라올 사람들이 지상에 도착했을 때 성취된 것들을 보고 기뻐하리란 걸 알기 때문이죠. 결국 그들은 다른 사람들이 더 큰 기쁨과 지식을 물려받도록 분발해야겠다고 용기를 내게 됩니다.

여러분이 지금 이 말을 반길 거라 생각하는데요. 앞으로 뜻을 같이할 사람들이 점점 늘어나면서 새로운 일들이 일어날 것입니다. 그리고 전에도 말씀드렸지만 영의 새로운 봉사자들이 계속 늘게 됩니다. 그들은 이전까지 알려진 최상의 것만큼이나 좋은 입증의 기준을 얻게 될 것이며, 결국 최상의 것마저 뛰어넘는 사람들도 나올 것입니다. 새로운 삶, 새로운 인물, 새로운 에너지, 새로운 열정, 새로운 힘, 이 모든 것이 성장하는 모임을 키우는 데 도움을 줄 것입니다. 그리하여 진리가 모든 곳으로 계속 퍼져나가게 될 것입니다.

미래는 우리의 것입니다. 그러므로 우리가 해야 할 일이 많습니다. 신이 전보다 더 많은 사람들에게 자신을 드러내고, 무지의 어둠이 물러나리란 사실에 기뻐합시다."

이러한 일이 언제 일어날 것 같냐는 질문에 실버 버치가 대답했다.

"가까운 미래에 일어날 거란 뜻은 아니에요. 다음에 오게 될 시대를 말합니다."

그는 덧붙이기를, 그 현상은 대부분 정신적인 것이지만 약간의 물리적인 현상 또한 있을 것이며 정신적인 현상의 일부로서 많은 치유가 있을 것이라고 말했다.

"영의 살아 있는 힘에 대한 확고한 목격자를 점점 더 많이 만들어 우리가 이룬 일을 부정할 수 없도록 하는 게 우리의 목표 중 하나입니다. 영의 힘은 반대자들의 댐으로 막아놓은 거대한 저수지 같아요. 이제 영의 힘이 둑을 무너뜨렸고, 물길이 생겨난 곳은 어디든 흘러갈 겁니다. 그것이 제가 본 모습이에요. 수많은 치유사들, 영매들, 봉사자들이 생겨나게 되죠.

우리는 과거로 퇴보하지 않고 앞으로 나아갈 것입니다. 진보, 진화, 발전, 이것이 우리의 좌우명이에요. 신과의 살아 있는 접촉이 어떤 것인지를 사람들이 배우고, 사랑하고, 이해 하는 것은 좋은 일입니다. 신의 아름다움과 부유함, 지혜와 자 신감을 즐기지 못하는 사람들은 신이 주는 축복이 뭔지를 알 수 없죠. 그들을 이해시키기란 어려운 일입니다. 시각장애인 은 햇빛을 알지 못하고, 청각장애인은 새의 지저귐을 들을 수 없습니다. 그러나 그들의 눈과 귀가 밝아지면, 법칙의 경이로 움이 드러나면서 기쁨에 넘치게 될 것입니다.

'예전에 나는 눈이 멀었지만 이제는 볼 수 있다.' '예전에 나는 귀가 먹었지만 이제는 들을 수 있다.' 이것이 신의 힘을 받아들인 사람들에게서 일어나는 일입니다. 우리는 가급적 많 은 사람들이 삶 속에서 그 빛을 받아들였으면 합니다. 그들이 고립되거나 배제된 것이 아니며 사랑이 그들을 감싸고 있음 을, 영의 따사로운 인도가 그들의 것이며, 고차원적인 생명으 로부터 오는 아름다움과 빛, 그리고 자신들을 떠받칠 수 있는 힘을 가진 영들이 있다는 사실을 알게 되길 원합니다.

경험해보지 못한 사람들에게 그것이 뭔지를 정확히 전달하기란 어려운 일입니다. 외부인들 중 누군가에게 그것을 설명하려 할 때, 이해를 시키기가 어렵죠. 우리는 다른 사람들과도 공유할 수 있도록 애쓰고 있답니다."

CHAPTER 9

인도령이 하는 일

"성취되어야 할 목적들이 다양하다 보니 다양한 종류의 인도령이 존재합니다."

모임에서 질문을 받은 실버 버치가 말했다. 그가 잘 아는 주제를 어떤 인도령들은 전혀 모르는 이유가 뭐냐는 질문에 대한 그의 설명이다.

"모든 인도령이 똑같은 진화 수준에 있는 것은 아니에요. 여러분의 세계에서 수행되어야 할 일에 따라 그들은 제각기 다양한 성장과 발달 정도를 갖고 있어요. 어떤 인도령이 갖고 있는 지식을 다른 인도령도 반드시 갖고 있다고 말할 수는 없어요. 우주의 다양한 측면들을 훤히 아는 존재도 있지만, 어떠한 인도령도 전지전능할 수는 없습니다.

인도령은 자신의 체험을 통해 얻은 것을 말할 수 있을 뿐이에요. 자신이 알지 못하는 주제에 관해서는 말할 수 없어요. 물리적인 현상을 보여주는 교령회를 맡은 인도령은 형이상학에 대해 많이 알지는 못하죠. 그리고 철학적인 분야의 가르침을 전하는 목적을 가진 인도령은 물질화를 이루는 복잡한 과정에 대해 아는 게 없어요. 모든 영을 같은 수준에 있는 존재들로 간주하시면 곤란합니다."

자신의 인도령이 누구이며 어떤 존재인지를 묻는 사람들의 질문에 실버 버치가 말했다.

"혈연관계에 있는 영들이 인도령을 할 때도 있고, 세속적으로는 아무 인연도 없지만 수행할 임무 때문에 영적인 연대감으로 인도령이 되는 경우도 있습니다. 인도령은 어떤 민족이나 국가의 구성원으로 제한되지 않아요. 민족이나 국적은 죽음을 맞아 세속적인 습성이 사라진 뒤까지 존속하지는 않기 때문이죠. 영혼에는 민족이나 국가가 없어요. 그런 것은 육체에만 있을 뿐입니다."

배후의 인도령들이 하는 일의 매혹적인 윤곽을 실버 버치가 전했다. "인도령은 어떻게 선발되는지 말씀해주실 수 있나요?"란 질문을 받았을 때였다.

"어떤 영들은 자원을 합니다. 여러분의 세계에 수행되어야 할 일이 있다는 것을 알기 때문이죠. 인류를 돕는 일을 떠맡은 존재들이 영적인 성장의 완숙기에 이른 영들에게 부탁을 하는 경우도 있어요. 저는 요청을 받았습니다. 제가 먼저 선택한 것이 아니었어요. 그러나 요청을 받았을 때 기꺼이 수락했죠. 성과를 이루기 전에 극복해야 할 난관들을 생각하니 매우 비관적인 예감이 들었다고 말씀드릴 수 있습니다. 그러나 그러한 어려움들은 대부분 극복되었고, 아직도 남아 있는 장애물들은 초창기에 비하면 아주 보잘것없죠."

"요청받은 분들과 달리, 자원한 영들은 인도령이 되기에 적합한지 검증하는 테스트를 통과해야 하나요?"

"꼭 그런 건 아니지만, 비슷한 부분이 있기도 합니다. 영의 세계는 고도로 조직화되어 있어요. 여러분이 상상하는 것 이상으로 체계적인 시스템을 갖고 있지요. 우리가 하는 이런 일을 수행하려면 축소판 같은 조직이 필요해요. 이 집단의 구성원 중 몇몇은 여러분도 이름을 익히 알 수 있는 분들입니다. 우연히도 그분들은 매우 나서기 싫어하는 유형의 사람들이에요. 제가 그분들을 앞세울 때면 늘 뒤로 물러나 '당신이 앞장서라'고 말하죠.

영의 세계에서는 일을 할 영들이 모여들지 않으면 자신의 모임이나 무리를 가질 수가 없어요. 흡인력을 지닐 정도의 진화 수준에 도달하지 않으면 안 되는 거죠. 이곳에서는 자신이 어떤 존재냐에 따라 할 일이 결정됩니다. 가장 주축이 되는 실체는 각자의 영이에요. 이곳에서는 어떠한 가면이나 위장, 속임수도 통하지 않아요. 아무것도 감출 수 없는 거죠. 모든 것이 다 알려집니다."

"그렇다면 인도령으로서의 적합도가 겉으로 명백히 드러나겠군요."

"그렇습니다. 오라, 색깔, 방사되는 빛이 그 사람이 어떤 존재인지를 보여주죠. 스승이 될 수 없는 사람이 스승인 척할 수는 없어요. 가르칠 수 없다는 게 확연히 드러나기 때문이죠. 그러다 보니 자신의 영적인 성장으로 품격을 갖춰 사람들을 끌어들일 준비가 되지 않으면 인류를 도울 과업에 관심이 많은 영혼들을 모을 수가 없어요. 이해가 가시나요?"

질문을 한 참석자가 말했다. "예. 제가 알고 싶은 것은요. 충분히 진화되지 않은 영들이 비록 진화된 존재들과 똑같은 능력을 지니진 못하겠지만, 인도령으로 활동하는 것이 어떻게 금지되냐는 것입니다."

"그냥 그런 일을 할 수가 없는 거예요. 자격이 되지 않는 일을 할 수는 없는 것이니까요. 내적인 힘이나 외적인 힘, 빛,

심지어 사람들도 끌어당길 수가 없죠. 필요한 것들을 얻지 못하기 때문에 그중 어떤 것도 쓸 수가 없어요. 그런 사람들의 도움 없이는 영매를 통제할 수도 없습니다. 이것은 아주 복잡한 과정이거든요. 모든 게 성공적이면 겉으로야 간단해 보이겠지만 일이 잘못됐을 땐 단순해 보이는 과정의 이면에 있는 복잡한 구조를 눈치챌 수 있죠."

질문자는 그 부분을 계속 파고들면서 물었다. "훈련이 되지 않은 영매가 간혹 다른 존재인 척 행세하는 영으로부터 메시지를 받는 일이 있는데요. 사칭을 막는 것이 가능할까요? 훈련이 되지 않은 영매가 메시지의 진위를 테스트할 방법 같은 건 없나요?"

"열매를 보면 나무를 알 수 있다는 말이 있습니다. 만일 집의 대문을 활짝 열어놓고 안으로 누가 들어오는지 감시하는 사람을 세워놓지 않는다면 온갖 사람들이 문턱을 넘어와 갖가지 주장들을 하겠지요. 하지만 '특정한 시간에 문을 열어놓겠습니다. 그 시간에 방문을 희망하는 모든 이는 경비원의 검사를 받을 것입니다'라고 말한다면 어떨까요? 얘기가 달라지지 않나요?"

"그렇다면 일정한 시간을 정하는 게 그런 보호장치가 되겠군요."

"물론입니다. 시간을 정하고 당신이 아는 인도령을 한 명 뒤야만 합니다. 인도령이 그곳에 존재한다는 증거를 줄 때까지 어떠한 대화도 시도하시면 안 돼요. 영의 세계는 매우 인간적인 곳입니다. 가장 저급한 곳에서부터 가장 높은 곳에 이르기까지 그 범위가 무한하죠. 여러분의 세계로 돌아가길 간절히 바라는 존재들도 많아요. 그러나 그들이 모두 인도자이거나 스승, 현자들인 것은 아니에요. 그들 중 어떤 영들은 지극히 인간적이라, 그들을 움직이는 동기가 영적이라고 할 수 없을 때가 있어요."

"잘 조직된 교령회에서 의사를 전달하는 존재에 관해 영의 세계 쪽에서도 어떤 통제가 있습니까? 누군가가 예컨대 다른 영의 이름을 사칭하며 말하는 게 가능한 건가요?"가 그다음 질문이었다.

"잘 조직된 교령회에서는 불가능한 일입니다. 이곳에서 우리가 모임을 연 지 꽤 오래됐지만 그런 일은 한 번도 일어나지 않았어요."

"저승의 조직은 어떤 건지 궁금합니다. 영들이 주는 증거 말고도 우리가 받을 수 있는 어떤 보증이 있는지도 알고 싶고요."

"보증은 이중으로 이뤄집니다. 우선 영들이 주는 증거가 그 자체로 보증이 되고요. 다른 경우엔, 특히 한두 번 정도 모습을 드러낸 게 전부인 새로운 영의 경우, 진행을 맡은 인도령이 보증의 책임을 집니다. 수년간 작업을 해온 잘 알려진 인도령의 경우, 거짓말을 할 수 없기 때문에 믿어도 된다고 말할수 있어요.

누차 말씀드리는 거지만 교령회에 참석하는 분들이 이성적인 판단을 등한시해도 된다는 뜻이 결코 아닙니다. 이성은 신이 내려준 선물이에요. 인도령이나 전달자가 누구든 상관없이 이성에 반하는 이야기나 제안이 나오면 그것을 거부하는 것이 여러분의 필수적인 의무라는 것을 말씀드립니다. 우리의 일은 전체적으로 협력에 기반하고 있으며, 우리는 여러분의 자유의지와 동의하에 함께 나아가지 않으면 성공을 거둘수 없어요.

저는 여러분께 줄곧 말씀드렸어요. 제 말이 부당하게 들리면 받아들이지 마시라고 말입니다. 그런 말은 거부하셔야해요. 여러분이 제 말에 동의하지 않고, 저도 제가 절대적으로 옳다거나 모든 시대의 지식을 소유하고 있다고 주장하지 않는다면, 함께 판단하고 서로 배워 나갑시다. 그러한 방식으로 해나가면 성공하게 될 것입니다.

억지로 강요를 하는 것은 우리의 일이 아니에요. 오히려우리는 신성한 이성의 빛으로 여러분을 인도하고자 합니다.

여러분이 자신의 자유의지로 앞에 놓여 있는 단계들을 받아들일 수 있도록 하는 것이죠. 우리가 결코 과오를 범하지 않는다고 말씀드리진 않겠습니다. 그러나 그것은 고의적인 거짓말을 하는 것과는 많이 달라요.

'열매를 보면 나무를 알 수 있다'고 했지요. 이것이야말로 매우 훌륭한 테스트입니다. 만일 누가 여러분에게 이기심이나 탐욕을 권하고, 세상에 대한 의무를 등한시하거나 증오심, 이웃에 대한 무관심을 부추긴다면, 그것은 마땅히 죄가 될 수 있어요. 그러나 우리의 가르침과 철학의 전반적인 강조점은 언제나 우리의 세계로부터 나오는 그 모든 것의 기저를 이루는 한 가지 중요한 동기인 헌신입니다. 우리는 여러분에게 서로 돕고, 가진 것을 나눔으로써 신의 은총이 세상 모든 곳에 퍼지도록 일깨워드리고자 해요.

'열매를 보면 나무를 알 수 있다.' 결국 이 방법이 성공할 것입니다. 그것이 신에 가까운 것이고, 자연의 법칙을 통한 신은 사랑과 지혜로 작용하기 때문이죠."

일전의 모임에서 교령회에 쓰이는 영의 에너지에 대한 질의응답이 있었다. 실버 버치는 그 전주에 모임을 성공적으로 진행할 수 없었는데 그 이유를 다음과 같이 설명했다.

"모든 에너지를 예비로 비축해두었던 것까지 다 써버렸어요. 그러나 오늘 밤은 그런 일이 없을 겁니다. 저에게 충분한 에너지가 있어요."

"저장고가 다시 채워졌군요." 참석자가 말했다.

"그렇습니다. 창고가 꽉 찼어요. 넘쳐흐를 지경이죠. 그 에너지 속에 푹 잠겨 일부를 받아가도록 하시죠."

"어디서 그렇게 채우셨나요?"

"여러분으로부터 채웠습니다."

"우리만은 아니겠지요?"

"전부 여러분으로부터 나왔어요. 에너지는 여러분에게서 나옵니다. 여러분이 저의 창고에 접속할 에너지를 제공하죠."

"그리고 물론 영매로부터도 나오겠지요?" 또 다른 참석자가 말했다.

"그렇습니다. 영매의 에너지로 인해 제가 여러분과 말을 할 수 있고, 이렇게 여러분을 골치 아프게 할 수도 있는 거죠."

"우리가 이곳에 있을 동안만 얻으시는 건가요? 아니면 다른 곳에 있을 때도 그러는 건가요?"

"이곳에 있는 동안만이에요. 이곳에 있을 때 하는 게 가장 쉬운 방법이에요. 아주 적은 양만 취합니다. 적은 양이라도 여러 사람들한테서 얻다 보면 많은 양이 되는 거죠. 그러고 나서 그것을 뒤섞고 거기에 우리가 뭔가를 추가해요. 그렇게 두 가지가 결합되면 우리가 원하는 것이 생겨나지요. 아주 간단합니다. 이제 여러분도 방법을 아셨군요!"

"엑토플라즘*과 어느 정도 같은 건가요?"

"그렇긴 한데 훨씬 더 희박한 형태로 사용되는 것이죠."

"하지만 본질적으로는 같은 물질인가요?"

"여러분에게서 취해지는 것과 같은 물질입니다. '에너지'란 수수께끼 같은 단어가 곧잘 사용되고 있는데, 그것은 생명력의 일부이고 여러분이 엑토플라즘이라 부르는 것도 그것의 변형일 뿐이에요."

"그런데 저는 늘 엑토플라즘이 참석자들에게 되돌려지는 것으로 알고 있었는데요."

"그렇긴 하지만 일부 작은 조각이 되돌려지지 않고 남게 됩니다."

"저장고가 비었을 때 돌려보내는 대신 남겨두는 건가요?"

"그렇습니다. 우리의 혼합물에 그것을 보태죠. 그 혼합물은 모임의 구성원들로부터 비슷한 뭔가를 — 아주 비슷하진 않지만 — 취해서 얻어요. 한 번의 모임에서 쓰기에 충분한 양을 얻어내죠. 그리고 똑똑한 다람쥐처럼 만일을 대비해 그중

---

* Ectoplasm: 교령회를 할 때 영매의 몸에서 나오는 흰색의 점성을 띤 물질.

의 소량을 비축해두죠. 그것은 생명력의 일부입니다. 이 정도
로밖엔 설명을 못하겠군요."

"비축분 없이는 일을 할 수 없는 건가요?"

"영매에게 큰 부담을 안길 위험을 감수한다면 그렇게 할
수도 있겠죠. 영매가 모든 힘을 쥐어짜야 간신히 말을 할 수
있을 거예요. 아무것도 할 수 없게 됩니다."

"아니, 그렇게 하시라는 말씀이 아니라 왜 그런지를 알고
싶었어요."

"안 그래도 대답을 드리려 하고 있어요. 너무 많은 걸 말
씀드릴까 봐 그렇긴 합니다만."

"왜 그런 거죠? 왜 말씀해주고 싶지 않은 건가요?" 모임
의 또 다른 회원이 물었다.

"한 가지 이유는 설명이 불가능하기 때문입니다. 또 다른
이유로는 그런 걸 말하는 게 허용되지 않고 있어요. 이걸 아는
건 특정한 영적 단계에 도달했다는 지표가 되거든요. 여러분
은 그 단계에 이를 때까지 이 문제에 대한 이해를 얻을 수 없
습니다."

"그 원리를 이해하면 육체 속에 있는 동안 잘못된 쪽으로
악용할 우려도 있는 건가요?"

"네, 영들의 협력을 얻는다면 그럴 수도 있겠죠. 그러나

일단 그러한 지식을 얻게 되면 그릇된 쪽으로 쓰지는 않을 겁니다. 지식의 소유자가 된다는 것은 그것을 어떻게 써야 할지도 아는 단계까지 영이 성장했다는 뜻이니까요.

모든 것은 법칙의 통제를 받아요. 지배령과 달리 인도령이 도덕적으로 그릇된 언행을 하는 것을 들어본 적이 없으실 텐데요. 그들이 누군가를 비난하거나, 상습적인 비방을 하거나, 험담을 하거나, 저급령 특유의 습성을 드러내는 것을 본 적이 있으신가요? 그들은 인류를 인도하려고 결심한 존재들을 만족시켜야만 합니다. 자기 자신을 통제할 수 없다면 어떻게 다른 이들을 올바른 길로 인도할 수 있겠어요? 매우 높은 규범이 설정되어 있습니다. 우리는 방황하는 인류를 인도하는 사명에 몸담고 있어요. 인도령으로 활동할 자격을 갖춰야만 합니다. 그래서 그런 임무를 수행하는 사람들은 엄격한 감시를 받게 되는 거예요.

우리는 상황 보고를 하고, 검사를 받고, 일이 진행될 수 있도록 모든 활동이 조정되죠. 그래서 검증된 존재들의 손에 여러분을 안심하고 맡길 수 있다고 제가 늘 말씀드리는 겁니다. 그들은 여러분을 사랑하며 그들의 유일한 바람은 여러분을 돕고 그것을 통해 도움이 필요한 사람들에게 헌신하는 겁니다."

실버 버치는 높은 수준의 영매와 수년 동안 같이 일했던 모임에서조차 늘 새로운 실험을 하고 있다. 그는 영매를 통제하고 있을 때 시력과 청력을 잃게 되냐는 질문을 받은 적이 있었다. 이 질문이 나온 배경은 이렇다. 직전의 교령회에서 모임이 시작된 이후 해년 스와퍼가 뒤늦게 도착한 일이 있는데, 한 회원이 그에게 자리를 양보했지만, 실버 버치가 그 사실을 인식하지 못하는 것처럼 보였던 것이다.

영매를 통해 말하고 있는 동안 시력과 청력을 잃느냐는 질문에 실버 버치는 다음과 같이 대답했다.

"부분적으로는 그렇습니다. 영매의 몸을 얼마나 잘 유지하는지, 그리고 통신 '라인'이 몇 개나 열려 있는지에 달려 있죠. 모든 라인이 열려 있어 한두 가닥에 매달릴(이렇게 되면 상당한 애를 먹게 되는데) 필요가 없다면 영매를 통제하는 일은 당분간 제가 곧 영매고 그의 체험이 곧 저의 체험인 수준이 됩니다. 그러나 대화의 통로가 제한되어 있는 상태에서 연결을 유지하려면, 남아 있는 통로의 면밀한 관리가 요구되기 때문에, 영매를 장악하는 힘이 약해지고 통제에 필요한 필수적인 중추만 사용됩니다. 그만큼 평소보다 영매에 대한 통제가 약해지죠."

그러자 한 참석자가 질문했다.

"그렇다면 의문이 생기는데요. 만일 영매가 사전에 누가 방 안에 앉아 있는지를 알고 있었다면 모를까, 아무것도 몰랐다면 당신이 누군가에게 말을 걸 때 누가 누구인지 어떻게 알 수 있는 거죠?"

"무슨 일이 일어나는지 정확하게 말씀드릴게요. 설명할 수 있는 것은 알고 보면 뭐든 재미있습니다. 통신 라인의 상태가 양호하다는 신호를 받을 때까지 저는 여러분에게 계속 말을 합니다. 그런 다음 저는 파장을 맞춰 저에게 들어오는 정보를 여러분에게 전달하죠. 중요한 부분이라 더 많은 주의를 기울여야 하고 집중하느라 애를 쓰게 됩니다. 그때 스와퍼 씨가 들어오는 소리를 듣고 '아, 스와퍼 씨군요'라고 말했지만 어디에 앉았는지엔 주목을 하지 않았어요. 누군가 근처로 오는 소리를 들었을 때, 저는 그분인 줄 알고 고개를 돌려 인사했죠."

모임의 한 회원이 그 사실을 기억해내자 실버 버치가 말을 이었다.

"그때 스와퍼 씨 대신 당신이(이 일을 기억해낸 그 사람) 대답을 하길래, 저는 당신이 스와퍼 씨와 자리를 바꿨다는 사실을 알아차렸습니다. 저는 그 당시에 청력을 완전하게 통제하고 있었지만 시력은 그러지 못하고 있었어요. 그래서 고개를 돌려 인사했던 것인데요. 하지만 통신 라인의 연속성을 교란하고 싶지 않았기에 더 이상 말을 하지는 않았어요. 의문이 풀렸기를 바랍니다."

한 참석자가 질문을 했다. "만일 누군가가 방을 아주 빨리 빠져나간다면, 그 사실을 알 수 있나요?"

"언제 그런 일이 일어나는지에 달려 있죠. 지금 당장 일어 난다면 알 수 있습니다. 만일 집중을 요하는 무언가에 파장을 맞추고 있고, 영매의 필수적인 중추를 간신히 유지하고 있다 면, 다른 일에 관심을 돌리기가 어려워요. 항상 중요하고 기본 적인 부분부터 살펴야 합니다."

그때 통상적인 질문이 나왔다. "누군가가 안으로 들어오 면 연결에 방해를 받는 부분이 있나요?"

"모임의 회원이라면 방해를 받지 않아요. 회원인 분들은 모두 오라를 통해 에너지를 보태고 있죠. 의사소통이 이뤄지 려면 그렇게 혼합된 에너지가 필요해요. 낯선 외부인이 들어 오면 이야기가 달라지죠. 고려할 필요가 있는 새로운 에너지 니까요. 모임의 회원이라면 트랜스 상태에서 전등을 켜든 끄 든, 다리를 꼬든 풀든, 아무런 상관이 없어요. 에너지가 통제 되고 있기 때문이죠. 그러나 만일 처음 보는 사람들의 모임에 서 말을 하는 거라면, 트랜스 상태의 대화가 이루어지기 쉬운 조건을 갖출 필요가 있을 것입니다."

CHAPTER 10

이 세상과 그다음 세상

"죽어서 저세상으로 간 사람들은 시간을 어떻게 보내나요?"

"우리처럼 낮과 밤이 오가는 식의 시간을 갖고 있나요? 아니면 전혀 다른 종류의 시간인가요? 그들은 무슨 일을 하고 있죠? 일을 하거나 공부를 하나요? 아니면 그냥 즐기면서 사 나요?"

모임에서 나온 이런 질문들에 실버 버치가 답했다.

"그동안 여러 번 답변을 드렸는데요. 시간의 문제는 여러 분의 관심사 중의 하나죠. 우리가 여러분의 시간 정의에 구애 받지 않기 때문입니다. 여러분의 시간은 편의를 목적으로 구 분되어 있습니다. 특정한 시간의 흐름을 분이나 시, 초, 혹은 날짜 등으로 기록하죠. 그 모든 것은 지구의 자전, 그리고 태양과의 관계에 기초를 두고 있어요.

우리는 낮과 밤을 갖고 있지 않습니다. 우리의 빛의 근원은 여러분과 달라요. 그러므로 우리는 여러분이 가진 것과 같은 의미의 시간을 갖고 있진 않아요. 우리의 시간 측정은 영적인 상태에 좌우되는데요. 다시 말해 우리는 시간을 즐거움의 차원에서 느낍니다. 시간은 우리에겐 정신적인 체험이에요. 삶이 그다지 즐겁지 않은 낮은 영역에서는 시간이 길게 느껴집니다. 상대적으로 높은 영역일수록, 마음에 맞는 활동이 많아지기 때문에, 흥미로운 일이 늘 새롭게 일어난다는 의미에서 시간이 훨씬 속도감 있게 느껴지죠. 그러나 시간이 연월일시로 나뉘지는 않아요.

하는 일은 개인마다 다릅니다. 마음과 영에 관련된 수많은 활동들이 존재하죠. 질문하신 분은 영적인 체험들을 물질적인 측정의 용어로 이해하려 들기 때문에 어려움에 부딪히는 겁니다. 그러나 영의 세계에서 하는 일들은 범위가 넓고 끝이 없어요. 문화와 관련된 일, 교육적인 일, 특정한 목적을 가진 일, 물질계에 영향을 미치는 일 등, 우리가 몰두하길 원하기만 하면 언제든 우리의 마음을 끌 수 있는 건 많습니다."

참석자가 질문했다. "그렇다면 질문이 있는데요. 만일 어떤 일을 미리 예약할 필요가 있다면 어떻게 하죠? 여기처럼 시간이 의미를 갖지 않는다면요."

"제가 누군가와 만나려 한다면 약속을 어떻게 잡냐는 말씀인가요? 그럴 때는 그 사람에게 지금 괜찮으면 만나자고 생각을 보내요. 편지를 쓴다든가 하는 일은 없어요."★

"특정한 시간에 누군가와의 만남을 주선해야 할 경우는 어떻게 하나요?"

"일이 그런 식으로 진행되지 않아요. 만일 어떤 모임에서 제가 참석해주길 바란다면, 요청이 저에게 텔레파시로 전달됩니다. 저는 요청을 받아서 가게 되죠. 물론 지금은 그런 요청이 전달되지 않겠죠. 제가 이 순간 여러분과 대화를 나누고 있다는 것이 모두에게 알려지기 때문입니다. 수첩이나 일정표 같은 것은 존재하지 않아요. 마음과 영의 세계니까요."

모임의 누군가가 영의 세계에도 기차가 있는지를 물었다. 그러자 실버 버치가 대답했다.

"없어요. 그러나 기차를 타야겠다는 생각을 하면 잡아탈 기차가 나타나죠. 이해하기 어려우실 텐데요. 안 그런가요? 꿈과 같다고 보시면 됩니다. 기차를 타야겠다고 생각하면 기차가 나타나는 거죠. 꿈에서도 배를 타야겠다고 생각하면 배

★ 전화가 널리 보급되기 이전의, 약속시간을 편지로 잡았던 시대상이 담긴 대화이다.

가 나타나지 않나요? 여러분이 그 배를 만든 겁니다. 그리고 그 배는 여러분에게 현실이 되죠. 배에 필요한 승무원들도 있고요. 감각의 차원에서는 매우 현실적입니다. 현실이란 건 상대적인 개념이란 것을 명심하셔야 해요."

"저는 그 부분과 관련된 이야기를 꽤 자주 듣고 읽긴 했지만 인정하기 어렵다는 점을 말씀드려야 할 것 같네요." 한 참석자가 말했다.

"그럴 겁니다. 하지만 여러분의 세계에서도 시간의 환각이란 게 있죠. 한 시간이 늘 모든 사람에게 똑같은 것은 아니에요. 때로는 5분이 한 시간처럼 느껴질 수 있는 건데요. 시간의 정신적인 면이라 할 수 있죠. 영의 세계에서는 정신적인 게 현실이라는 점을 인정하신다면, 시간의 기계적인 측면이 여러분에게는 영향을 미칠 수 있어도 우리에겐 전혀 그렇지 않다는 점을 이해할 수 있을 겁니다. 이 정도로밖엔 설명할 수가 없네요."

또 다른 질문이 나왔다. "그곳에선 모든 사람이 각자의 집을 갖고 있나요?"

"집을 갖길 원한다면 갖게 됩니다. 무언가를 원하면 갖게 되니까요. 그러나 집에 대한 욕구가 없는 사람들도 있어요. 어떤 사람들은 자신의 건축 스타일에 따라 집을 만듭니다. 여러분에게 아직 알려져 있지 않은 조명을 집 안에 들여놓는 사람들도 있어요. 이것은 영의 창조적인 능력에 따른 개인적 취향의 문제에요."

모임의 한 회원이 끼어들었다. "영의 세계에서 집은 그 사람이 살아온 삶의 방식에 영향을 받는다고 말씀하시지 않았나요?"[*]

"그랬죠. 만일 여러분이 집을 원해서 얻었다면 말입니다. 그러나 일단 집을 얻으면 그 스타일은 순전히 취향의 문제죠. 만일 여러분이 천장이 열린 집을 갖고 싶다면 그런 집이 생겨요. 이러한 일은 대체로 오랜 시간 개인적인 습관의 영향을 받는다는 것을 기억하셔야 합니다. 습관은 정신적인 속성이고 죽음 이후에도 지속되죠. 영국에서만 살아온 사람들은 특정한 주택 양식에 익숙해 있기 때문에 그러한 양식의 집에서 살아요. 그게 습관이 된 거죠. 그런 습관에서 벗어나면 새로운 종류의 집을 갖게 됩니다. 이것은 연속성을 보장하는 매우 현명한 대비책입니다. 충격을 방지하고 그 결과 삶이 더 매끄럽고

---

[*] 영격靈格이 높으면 그에 어울리는 아름다운 집에서 살며, 영격이 낮은 이들은 볼품없는 집에서 사는지를 묻는 질문이다. 실제로 실버 버치도 그와 비슷한 말을 한 적이 있으며, 아름답고 볼품없는 것은 상대적이라, 볼품없는 집에 살아도 정작 본인은 그렇게 여기지 않는다고 한다.

조화로워지는 거죠."

실버 버치는 다른 모임에서 이런 말을 했다.

"영의 세계에는 '의회'가 없어요. 그곳에 거주하는 사람들의 삶을 규제하는 법을 만들 필요가 없기 때문이죠. 자연의 법칙이 영의 세계에서 사는 사람들을 돌봅니다. 사람들이 피할 수 없는 형태로 법칙과 직면하게 되니까요. 더 이상 물질적인 육체를 갖지 않기 때문에 육체적인 삶의 문제가 영향을 미치지 않아요. 사람들은 이제 자신을 영적인 형태로 표현하고, 자연의 법칙이 작용하게 됩니다. 어떠한 중개자도 필요치 않게 되죠."

실버 버치는 영의 세계에도 연주회나 극장, 박물관 같은 것이 있냐는 질문을 받았다. 그는 박물관이 교육을 위한 회관이나 건물 안에 있다고 대답했다.

"그곳에는 유사 이래 지상의 생활과 관련된 다양한 종류의 수집품들이 있고, 영계의 흥미로운 생활방식과 관련된 수집품들도 있어요. 예를 들어 우리에겐 지상에 존재하지 않는 꽃들이 있습니다. 여러분에게 알려지지 않은 다양한 모습들의 동식물이 존재하죠. 박물관에 이러한 것들의 샘플이 있어요. 연주회는 언제든 접할 수 있어요. 아주 많은 음악가들이 있고 그들 중 상당수가 거장입니다. 그들은 자신들의 재능이 가급

적 많은 사람들에게 향유되기를 바랍니다. 극장도 다양한 종
류가 많이 있어요. 순수한 드라마 공연을 위한 곳도 있고, 문
화적인 목적이나 교육적인 목적을 위한 극장도 있지요. 사람
들이 물질계에서 지녔던 재능과 능력, 기능은 죽음과 함께 사
라지거나 하지 않아요. 죽음은 그들에게 더 큰 자유와 이러한
재능을 표현할 폭넓은 기회를 줍니다."

"신문과 라디오도 있나요?"

"라디오는 없어요. 의사소통이 다르게 이루어지기 때문인
데요. 텔레파시가 서로에게 다가가는 가장 흔한 방법이죠. 그
러나 요령만 깨우치면 굉장히 많은 수의 사람들을 불러 연락
을 취하는 게 가능해요. 심지어 자신들이 있지 않을 때도 그렇
게 할 수 있죠. 그러나 라디오의 원리와는 다릅니다. 여러분이
생각하는 신문은 없어요. 여러분이 하는 것처럼 사건을 기록
해서 알릴 필요가 없기 때문이죠. 정보가 끊임없이 그것을 필
요로 하는 사람들에게 제공되고 있어요. 사건을 전달하는 일
에 종사하는 사람들이 그 일을 하고 있죠.

이것은 여러분이 이해하기 어려운 일입니다. 제가 모르는
어떤 것을 전해 들을 필요가 생기면, 제가 그것을 알아야 한다
고 생각하는 누군가에 의해 저에게 생각이 보내져요. 이러한
생각들을 전파하는 임무에 종사하는 사람들이 있어요. 그런

일에 전문적인 훈련을 받은 사람들이죠."

"우리가 영감을 받을 때도 똑같은 일이 일어나는 건가요?" 모임의 한 회원이 질문을 했다.

"그것은 얘기가 다릅니다. 여러분이 영감을 받는 것은 의식적으로나 무의식적으로 영의 세계의 지적인 존재와 파동이 맞춰져 있기 때문이에요. 그러면 그 존재의 힘이나 영감, 메시지를 받을 수 있어요. 어떨 때는 의식적으로, 어떨 때는 무의식적으로요. 상황에 따라 달라지죠. 그러나 영의 세계에서는 생각을 끊임없이 받아들이고 보내요. 영적인 주파수가 같은 사람들, 다시 말해 비슷한 영적 성향을 가진 사람들은 생각을 서로 주고받게 됩니다. 주파수는 영적인 성취에 따라 결정되죠."

"사람들은 지상에 있을 때의 이름을 그대로 갖고 있나요? 예를 들어, 에이브러햄 링컨은 영의 세계에서도 여전히 에이브러햄 링컨으로 불리는 건가요?"

"그렇게 식별될 필요가 있는 한 그 이름으로 불리죠. 하지만 여러분이 기억하셔야 할 것은 이름이 곧 그 사람인 것은 아니라는 점이에요. 이름은 단지 그 사람을 인지시키는 수단일 뿐입니다."

"만일 특정한 이름으로 널리 알려진 사람이 그 상태로 죽

었다면 그 이름을 유지하는 게 매우 편리하겠군요." 한 참석자
가 말했다.

"그렇게 식별될 필요가 있다면 그렇겠죠. 그 상태로 수백 년
혹은 수천 년이 지날 수도 있어요. 그러나 지상의 자기장을 벗어
난 영역으로 일단 넘어가면, 이름은 중요치 않게 돼요. 그 사람
의 정체가 드러나고 그러한 정체성으로 인지되기 때문이죠."

"본 모습을 사람들이 볼 수 있게 된다는 거죠?"

"그렇죠. 일단 지상의 인력권을 벗어나면, 즉 지상과의 연
결 단계를 넘어 영적인 삶을 시작할 자격이 부여되면, 빛, 오
라를 방출하게 돼요. 그 빛은 당신이 누구이고, 어떤 존재인지
를 보여주죠. 이해하기 어려우신가요?"

"아닙니다. 우리가 사는 물질계에서도 간혹 말을 주고받
지 않아도, 그 사람이 어떤 종류의 인간인지를 알 수 있는 때
가 있으니까요."

"네, 오라를 통해 그런 느낌이 전해지죠. 그와 같은 겁니
다. 하지만 훨씬 강렬하게 전달되죠."

또 다른 질문이 나왔다. "영의 세계에도 유명인들이 있나
요? 물질계의 유명인들과는 전혀 다른 유명인들 말입니다."

"당연히 있죠. 물질계에서는 단순히 출생이라든가, 그 밖
의 별다른 이유 없이 명성을 얻게 된 사람들이 많아요. 자신들

의 삶이나 노력, 일을 통해 얻은 명성이 아닌 거죠. 물질계에서는 전혀 알려지지 않았지만, 영의 세계에서 명성의 영광이 부여된 존재들이 정말 많아요. 영혼은 말소되지 않는 통행증이라 할 수 있어요."

"저승에도 책이나 그에 상응하는 것들이 있나요?"

"예, 아주 많은 책들이 있어요. 물질계에 알려진 모든 책의 복사본이 있고요. 물질계에는 없는 책들도 아주 많습니다. 예술에 관한 책들만 모아놓은 거대한 건물들이 존재해요. 문학과 관련된 책들도 그 안에 있지요. 여러분이 관심을 갖는 어떠한 분야에 대해서도 지식을 얻을 수 있어요."

"누가 그런 책을 만드나요?"

"저자들, 책을 만드는 일의 전문가들이죠."

"에테르 상태의 사람들이 꺼내서 읽을 수 있는 에테르 상태의 책인가요?"

"네!"

이때 대화가 낡은 문제에 대해 새로운 빛을 던져주는 전환점을 맞았다. "똑같은 책이 어떤 사람에겐 다른 내용이 될 수 있습니까?"

"아닙니다. 책을 읽는 꿈을 꿔본 적이 있나요?"

"그런 적은 없지만 그게 어떤 것일지 상상할 수는 있어요."

"그것이 진짜 책일까요?"

"아니요."

"당신이 꿈에서 영원히 깨어나지 못하고 그 꿈이 영속적인 현실이 된다고 가정하면, 그리고 꿈속의 삶과 비교할 수 있는 깨어났을 때의 체험을 하지 못한다고 가정하면, 꿈에서 일어난 모든 일이 당신에겐 현실이고, 깨어난 삶에서 일어났던 모든 일이 한낱 몽환이 될 것입니다. 꿈의 상태에서 활용되는 모든 정신적 과정이 죽음 이후의 세계와 매우 큰 관련이 있어요. 그러한 정신적 상태가 그 세계에 거주하는 사람들의 현실이 되는 것처럼, 그 상태는 당신의 세계에서 물질적인 것들만큼이나 구체적입니다."

"그렇다고 생각하니 오싹해지네요." 첫 번째 질문을 던졌던 사람이 말했다.

"왜죠?"

"그렇게 만족스러운 삶 같지가 않아요. 우리가 이곳에서 체험하는 현실감이 없을 것 같단 거죠."

"그건 순전히 상대적인 것입니다. 실제로 여러분의 세계는 우리 삶의 태양에 의해 드리워진 그림자일 뿐이에요. 여러분의 세계는 껍데기이고 실재가 아니에요. 물질계의 어떤 곳에서도 실재라고 할 만한 것을 찾아볼 수 없어요. 물질은 영으로 인해 존재하기 때문인데요. 물질은 영적인 실재가 가진 기운이 하나의 형태로 표현된 것일 뿐이에요."

참석자가 대답했다. "제가 그 말씀을 드린 이유는, 저에게 있어 주관적인 아름다움은 객관적인 아름다움만큼 즐거운 것이 아니기 때문이에요."

"당신이 지금 주관적이라 생각하는 것은 객관적인 것이 되고, 객관적이라 생각하는 것이 주관적인 것이 될 것입니다."

"그러한 일들을 제대로 이해하려면 실제로 체험을 해봐야만 하겠군요."

"그런 체험을 해본 적이 있으셨을 텐데요."

"꿈에서요?"

"아니요, 마음속에서요. 당신은 부인을 매우 사랑합니다. 그 사랑은 주관적인가요, 아니면 객관적인가요?"

"양쪽의 조합이라고 생각합니다."

"그러나 사랑은 영과 영혼, 마음에 속한 것입니다. 그렇지 않으면 지속될 수가 없죠. 실재는 내면으로부터 시작돼요. 인간은 물질적인 육체를 가진 영적 존재죠. 영속적인 실재는 영이지 물질적인 육체가 아닙니다. 육체가 부패해 그것을 이룬 요소들로 분해되어도 영은 지속되니까요."

예전에 실버 버치가 영계 내부의 깊숙한 영역에 다녀온

181

적이 있었다. 그곳에서 다른 많은 사람들과 인류를 돕는 일을 점검했다고 한다. 그는 자신과 다른 많은 사람들이 몸담고 있는 일에 필요한 더 많은 힘을 모으기 위해 갔다면서 다음과 같이 말했다.

"여러분의 세계로 돌아올 때는 언제나 무미건조한 느낌이 듭니다. '무미건조'란 말로는 이 느낌이 제대로 전달되지 않는데요. 여러분의 세계는 빛과 생명이 결핍되어 있어요. 우중충하고 칙칙하고 활력이 부족하죠. 스프링이 빠져 푹 꺼진 낡은 쿠션 같다고 할까요? 음울한 분위기가 압도를 해요. 밝은 영혼과 유쾌한 마음을 가진 사람을 거의 볼 수가 없어요. 전체적으로 생기를 찾아볼 수 없습니다. 삶의 기쁨으로 충만한 사람들은 거의 없고, 절망과 무관심만 도처에 널려 있죠. 아마도 여러분은 너무 익숙한 나머지 인식을 전혀 못하시겠지만요."

"우리도 인식하고 있다고 생각합니다. 세상이 냉소로 가득 차 있는 것 같아요." 모임의 한 회원이 말했다.

"전쟁의 대가입니다. 힘을 그렇게 빠르고 맹렬한 속도로 쏟아부어서는 안 돼요. 그래서 생긴 무기력함에 다들 놀라고 있죠. 정열도 없고 열의도 없어요. 저는 모든 것이 환하고 오색찬란한 세상에서 왔어요. 삶의 순수한 기쁨이 충만하고, 모두가 마음에 맞는 일을 신바람 나게 하면서 온갖 예술이 꽃피

우는 곳, 자기가 가진 것을 주변 사람들과 기꺼이 나누고 많이 아는 사람이 적게 아는 사람을 일깨워주는 곳, 선행의 활력과 즐거움, 밝음이 존재하는 곳이죠. 반면에 이곳은 모든 게 너무도 침울해 보입니다.

그러나 이곳이 바로 우리가 일해야만 하는 곳, 봉사하고 노력해야만 하는 곳이죠. 모든 이가 무한한 잠재력을 지닌 신의 일부입니다. 한 사람 한 사람이 일상의 문제를 극복할 영감과 힘을 주는 수단을 자기 안에 갖고 있어요. 그 영원한 실재에 대해, 혹은 자신의 능력을 더 정교하고 아름답게 창조하는 방법에 대해 아는 이가 거의 없는 것 같아요. 물질만큼이나 현실적인, 아니 사실은 물질보다 더 현실적인 영적 생활의 풍부한 색감과 열정을 가질 수 있음에도 아주 많은 사람들이 물질적인 생활의 무미건조함을 선호하죠. 제가 왜 이런 말을 하는지 아시겠어요?"

모임의 한 회원이 말했다. "하지만 영의 세계에서도 우리보다 훨씬 무미건조한 영역이 존재하는 것 아닌가요?"

"사실입니다. 극단적인 절망의 늪에서부터 지고한 천상의 성취에 이르기까지 무한한 등급이 존재하죠."

"그렇다면 이 세계는 가장 타락한 부류의 사람들에겐 천국처럼 보이지 않을까요?"

"언제나 상대적으로 나쁜 곳과 좋은 곳이 있기 마련이지요. 저는 제가 보고 온 곳과 이곳을 비교했어요. 그래도 우리가 아는 것을 사람들도 안다면, 낙담하거나 의기소침할 필요는 없습니다. 그들은 향상될 수 있어요. 모든 힘의 근원이 영에 있고, 영원한 부의 획득이 번뇌를 일으키는 재물을 쌓는 것보다 훨씬 중요하다는 사실을 깨닫게 될 테니까요. 에너지를 소진할 필요가 없는 문제 때문에 수많은 사람들이 걱정하고, 두려워하고, 불안해하는 모습이 보입니다. 잘못된 일에 중요성을 부여한 나머지 잘못된 스트레스를 받고 있는 것이죠. 언젠간 조정이 이뤄져야 해요."

실버 버치가 타계한 치유가 패리시[*]에 대해 언급했을 때였다. 그가 영계의 깊은 영역으로 여행을 갔을 때 동행했던 두 사람 중 한 명이 패리시라는 말에 한 회원이 질문했다. "그분은 요즘도 그렇게 바쁘신가요? 자신의 능력을 거기서도 쓸 수 있습니까?"

"우리는 늘 바쁩니다. 잠을 잘 필요가 없기 때문이죠. 영은 지치는 일이 없어요. 회복에 관한 한 문제가 없습니다. 피곤해지지 않아요. 방전, 노화가 되거나 기진맥진하는 일이 없

---

[*] W. T. Parish(1873-1946): 영국 출신의 세계적인 영성 치유가. 세계 각지에서 원격치료를 해달라는 요청의 편지를 한 해에만 15,000통이나 받은 적도 있다.

답니다."

"당신은 에너지를 소모하셨을 텐데요. 재충전할 필요가 있는 심령 에너지를 말입니다."

"아니요, 소모를 하는 내내 들이마시고 있어요. 우리는 생존을 위해 산소나 어떤 기체에 의존하지 않는다는 걸 기억하셔야 합니다."

실버 버치가 질문을 한 사람에게 물었다.

"당신은 늘 사후세계에 대한 의문이 많으시군요. 안 그런가요?"

"그렇다고 고백해야겠네요. 물론 말씀하시는 것을 맹목적으로 받아들일 수도 있겠지만, 질문을 하는 게 저의 천성인 것 같아요."

"제가 맹목적인 수용을 좋아하지 않는다는 걸 아시잖아요? 영의 세계에서는 원하는 사람들을 제외하곤 침대가 없습니다. 잠을 잘 필요가 없으니까요. 밤이란 게 존재하지 않는 거죠."

"그래도 어떤 사람들은 잠을 자기도 하지요?"

"물론이죠. 그런 사람들은 그렇게 해야 한다고 생각합니다만, 실상에 눈을 뜬 영들은 잠을 자지 않아요. 언덕에 누워 쉬길 원하면 그냥 쉬기도 하지만, 피곤해서 그러는 건 아니에요."

"앉아서 명상하는 게 좋아서 그러는 거겠네요?"

"아니면 자연경관을 바라보면서 누군가와 생각을 주고받기 위해서일 수도 있지요. 하지만 '죄송합니다. 피곤해서 쉬어야겠어요. 나중에 보시죠'라든가, '이제 저녁 먹으러 가봐야 해요' 같은 말은 하지 않아요. 먹는 걸 원치 않는다면 식사할 필요도 없으니까요. 우리는 충전할 필요가 있는 신체기관들을 갖고 있지 않아요. 물질적인 기운 속에 있지 않기 때문입니다."

실버 버치는 다음과 같은 말로 그의 방문을 마무리 지었다.

"저는 우리의 연대를 이처럼 새롭게 다질 기회를 갖게 되어 매우 기쁩니다. 여러분을 떠올릴 때마다 따뜻함이 느껴지고, 아직 수행되지 못한 사명에 대해서도 인식하게 되지요. 많은 일들이 이루어졌고, 더 많은 해야 할 일들이 남아 있습니다.

우리가 마법의 양탄자를 갖고 있다면 얼마나 좋을까요. 도움을 드릴 수 있는 이 세상의 모든 분을 찾아갈 수 있는 양탄자를 말입니다. 그리고 영의 세계에서 도움을 주고 계시는 모든 분을 찾아갈 수 있는 양탄자를 가질 수만 있다면, 우리가 하고 있는 일이 겉으로 드러난 것보다 훨씬 거대하다는 사실을 아시게 될 텐데요.

저는 중요하지 않습니다. 우리 모두가 이뤄야 할 사명에도 불구하고 저는 늘 진심으로 보잘것없는 존재입니다. 그러니 여러분은 자신감을 가지세요. 신성한 목적의 매개자라는 사실을 명심하시고, 올바른 삶을 영위함으로써 인생의 행로에서 만나는 모든 분이 여러분이 하고자 하는 일이 무엇인지를 인식할 수 있도록 하십시오. 언제 어디서든 주변 사람들에게 할 수 있는 헌신을 하시고요. 그분들을 격려하고 인도하세요.

헌신이야말로 가장 중요한 것입니다. 다른 모든 것들이 잊혀질지라도, 세속의 모든 소유물이 먼지처럼 사라진다 해도, 세속의 모든 부유함이 손상되고 낡아 떨어진다 해도, 여러분이 행한 헌신만은 자신의 인품 속에서 영원한 보석으로 남을 것입니다."

CHAPTER 11

영의 가르침이 필요한 이유

"큰 격변기에는 영매를 통해 나오는 메시지가 더더욱 필요해집니다. 지식의 전파를 위해 영의 힘을 입증하는 일도 마찬가지구요."

실버 버치는 그의 말을 듣기 위해 모여든 사람들 앞에서 말했다.

"혼란에 빠져 있는 사람들이 물질계 도처에 헤아릴 수 없이 많아요. 그들의 믿음은 무너졌고, 미지의 것에 대한 갈망을 안고 있지요. 바로 영원한 실재의 입증에 대한 갈망입니다. 인간은 본래 영적인 존재예요. 그리고 영은 항상 자신을 유지시키는 데 필요한 것을 요구하고 있어요. 양육될 필요가 있는 거죠.

영은 지지를 받아야 하고 활동 범위를 가져야 해요. 영은 표현이 되길 간절히 바랍니다. 종종 인간이 자신을 이해하지 못하고 자신의 본성을 알지 못한다 해도, 자신의 실체인 영의 요구를 피할 수는 없어요.

교회의 전통적인 메시지는 소수의 사람들에게만 만족을 줄 뿐이에요. 변화와 성장이 있는 진보하는 세상 속에서, 과거 세대에 집착하는 종교적 원리의 체계를 오늘날의 현실에 적용하기란 불가능한 일입니다. 그래서 인간이 고안해낸 신학 체계의 전통적인 호소에 귀 기울일 사람들이 많이 줄어들었죠. 그런 면에서 역사는 반복되지 않습니다. 비록 기독교의 교리와 신조에 등을 돌리는 사람들이 늘어난다 해도 그들이 유물론에 빠지는 것은 아니니까요.

유물론의 무미건조한 복음도 호소력을 잃고 있는데, 거기엔 또 다른 이유가 있습니다. 유물론 사상을 헛되고 빈약하며 수용하기 불가능한 것으로 만든 것은 우주의 경이로움을 드러낸 과학자들이에요. 그래서 자신들의 세계관이 변화되고, 모든 것이 용광로 속에 있다는 것을 수많은 사람들이 알게 되는 이 시대야말로 영적 진리를 보여줄 절호의 기회입니다.

인간의 곤경이 신의 기회란 이야기를 일전에 했었는데요. 필요성이 커지면 영의 힘이 다시 한번 쏟아져 들어옵니다. 사랑은 죽음의 심연을 넘어 사랑을 부르죠. 사랑은 사랑하는 사람들을 인도하고, 슬픔으로 찢어진 마음을 어루만지고, 고통에 시달리는 사람들을 치유하고, 방황하는 사람들을 안내하며 영의 힘의 실재를 입증하기 위해 할 수 있는 모든 것을 하려 합니다.

이처럼 증거를 동반하는 진리는 영원합니다. 진리는 변하지 않고, 여러분이나 우리 세계의 어떠한 일에도 영향을 받지 않아요. 진리는 폐지나 변경을 당하지 않는, 영원한 실재이죠. 일단 그것을 파악하고 습득하면, 이해하고 통찰하면, 인간의 삶은 빛과 아름다움, 부유함과 밝음, 자신감과 안정을 얻게 됩니다. 더 이상 쓸쓸하고 의기소침해하거나 절망에 빠져 배회하지 않게 되죠.

이는 위대한 과업이자 기회이며, 많은 이들에게 다가가야 할 헌신의 길입니다. 괴로움에 울부짖는 수많은 사람들이 우리가 일할 토양을 제공하지요. 그리고 빛을 찾은 각각의 영혼들, 무지에서 벗어날 수 있게 된 영혼들, 슬픔의 눈물을 기쁨의 미소로 바꿀 수 있게 된 영혼들, 이 모든 영혼이 끝없이 벌어지는 전투에서 얻어낸 승리라 할 수 있습니다. 그러므로 우리 모두는 어디에 있는 누구든, 준비를 갖추고 갑옷을 입고, 신의 강력한 힘이 우리와 늘 함께한다는 사실을 명심하면서,

모든 인류에게 그토록 엄청난 중요성을 지닌 이 싸움을 계속 해나갑시다."

그런 다음 실버 버치는 질문에 대답했다. 첫 번째는 쇼 데 스먼드[*]의 말인 "100명의 인도령 중 아흔아홉은 헛소리를 한 다"를 인용하며 그에 대한 실버 버치의 견해를 물은 독자의 질 문이었다.

"인도령으로서 봉사할 자격을 갖춘 사람이라면 누구도 그 러한 표현을 쓸 수 없을 텐데요. 인도령은 그들에게 할당된 일 을 위해 신중하게 선발됩니다. 그리고 사전에 일을 수행할 적 합성이 검증되죠. 진정한 인도령이라면 누구에게도 해당하는 말이 아니지만, 불행하게도 미숙한 영매들이 존재하는 것은 사실입니다. 이들을 통해서는 영의 힘이 완벽하거나 분명하게 전달될 수 없어요. 그러기 위해서는 더 많은 계발이 필요하기 때문이죠.

그런 영매들의 교령회에서는 많은 이야기들이 오가고, 오 류가 생기면 인도령의 탓으로 돌려지죠. 실제로는 그 원인이 인도령보다는 모임의 회원들, 혹은 접촉을 시도하는 영들에게 있거나, 영매의 능력이 미숙해서 자기 잠재의식에서 나오는

---

[*] Shaw Desmond(1877-1960): 아일랜드의 작가.

이야기만을 하는 경우도 있어요. 그러므로 인도령이 헛소리를 한다는 주장은 사실이 아니라고 봅니다.

진리를 설명하는 그 많은 존재들이 그렇게 자주 헛소리를 한다고 말하는 것은 부당하므로 우리에게 그런 비난을 하시면 곤란합니다. 데스먼드의 발언은 매우 막연하고, 어떤 인도령 인지도 밝히지 않았어요."

"그 사람은 너무 일반화시킨 말을 했다고 생각합니다." 모임의 한 회원의 발언에 또 다른 사람이 말했다. "가끔 인도령의 말에 우리가 동의를 하지 않을 때도 있어요. 어떤 분의 가르침은 이해하기가 어렵고요. 무슨 말인지도 모르겠어요."

또 다른 발언도 있었다. "어떤 인도령은 아마도 데스먼드가 생각하는 것과 매우 다른 방향으로 계발이 되었을 겁니다. 그러다 보니 모든 게 잘못됐다고 생각하는 거겠지요."

실버 버치가 말했다.

"그럼에도 왜 우리가 그처럼 일반화된 말로 묵살되어야 하는지 모르겠습니다. 물론 헛소리를 하는 존재들이 있다는 사실 자체는 명심하셔야겠지만, 우리의 말은 신성한 영감으로 보증된 것입니다."

다음의 질문은 매우 다른 문제에 관한 것이었다. 편지에 질문을 올린 사람은 인도령의 도움을 청하면서 말했다. "사랑하는 사람의 심신의 건강과 물질적인 상황에 도움을 주기 위해 우리가 취해야 할 자세에 대해 조언해주실 수 있나요? 그들이 행복해지도록 마음을 쏟아야 할까요? 아니면 그들을 위한 기도의 형태로 신에게 마음을 쏟아야 할까요?"

"아주 좋은 질문입니다. 도움을 주고자 하는 것은 진실한 영혼입니다. 모든 기도와 모든 열망은 신에게 초점이 맞춰져야 해요. 그러나 이 말은 끊임없이 뭔가를 해달라고 간청해야 한다는 뜻은 아닙니다. 여러 차례 말씀드렸다시피 기도는 뭔가를 간청하는 것이 아니라 조율의 과정이에요. 우리의 의지와 신의 의지 사이에 조화를 이루는 과정, 위대한 신과 더 밀접한 일치를 이루는 과정이죠. 그렇게 함으로써 삶이 더 나아진다는 것을 알게 됩니다. 여러분의 의식을 고양함으로써 더 향상된 기준을 세우게 되고, 자연스럽게 그 결과가 삶에서 드러나는 것이죠.

기도를 통해 우주의 본질인 창조주에 더 가까워질 수 있도록 힘쓰세요. 만일 여러분이 사랑하는 사람들이 더 풍족한 삶을 살길 바란다면, 선한 의지와 헌신의 오라로 그들을 에워싸는 모습을 마음속으로 그려보세요. 그러나 기도는 여러분이 사랑하는 사람에게만 한정되어서는 안 됩니다. 숭고한 동기에 이기심이 끼어들기 때문이지요. 그보다는 차라리 인류를 위해 헌신을 염원하는 쪽으로 마음을 표현하는 게 좋습니다. 일상에서 맞닥뜨릴 그 어떤 사람에게도 어떤 도움이든 주겠다는 마음을 뜻합니다."

그런 다음 실버 버치는 영적 진리의 보급이라는 일반적인 문제로 넘어갔다.

"많은 어려움이 있었고, 지금도 해결되지 않고 있다는 것을 여러분이 아셨으면 합니다. 이런 문제들을 해결하려면 대담함, 단호한 정신, 지조, 원리에 대한 변함없는 충실함이 필요해요. 방금 인도령이 하는 말의 신뢰성에 대한 질문이 나왔는데 저는 늘 여러분께 평가를 요청했다는 사실을 아실 겁니다. 여러분 자신의 이성과 판단력, 상식으로 평가를 하셔야 한다고 했었지요. 단 한 번도 여러분을 맹목적인 믿음으로 이끌려 하거나 여러분의 지성을 모욕하는 행동 방침을 따르라고 요청한 적이 없어요.

저는 자만에 빠지지 않습니다. 우주에 대해 알면 알수록, 진정한 겸허함으로 채워지게 되죠. 그럼에도 저는 여러분을 인도하는 힘에 대해 알고 있다고 말씀드려야겠어요. 그 힘은 저 같은 영혼들에게 주어져 있어요. 우리가 대단해서가 아니라, 우리가 하고자 하는 일이 그 힘을 불러들였기 때문이죠. 그러한 인도는 우리가 연대를 맺은 세월 동안 아무런 대가 없이 주어졌습니다. 그리고 여러분이 희망하는 한 계속될 것입니다.

여러분이 일상에서 심신의 원기를 회복할 기회를 자연스럽게 받을 수만 있다면, 저는 굳이 이런 교령회를 지속하고 싶진 않아요. 영을 중시하고 육체를 소홀히 하는 것을 우리는 권장하지 않습니다. 그것은 육체를 중시하고 영을 소홀히 하는 것만큼이나 어리석은 일이죠.

신의 표현인 자연이 주는 활기와 힘을 충분히 활용하세요. 대가 없이 제공되는 그 모든 것을 잘 이용하고 신성한 예술가들이 여러분에게 주는 아름다움을 한껏 누리세요. 그리고 항상 생각의 초점을 자비로운 목적의 도구로 우리를 이용하고자 하는 숭고한 힘에 맞추도록 합시다. 우리의 존재를 열어 신적인 은총을 받도록 합시다. 우리가 신의 전달자라는 것을 모든 사람이 알 수 있도록, 삶 속에서 그 사랑과 선의를 보여주도록 합시다."

해넌 스와퍼의 집에서 열린 또 다른 모임에서 실버 버치는 심령주의의 현재 상황에 대해 언급했다.

"많은 혼란과 함성이 있어요. 여전히 영의 진리가 알려질 필요가 있습니다. 우리가 이 일에 쓸 수 있는 수단은 늘 부족했지만 줄기차게 시도되었고 어느 정도 성공을 거두었죠. 온 세상에 두루 미칠 수는 없겠지만 우리가 할 수 있는 범위 내에서 최선을 다합시다.

여러분은 세계대전의 불가피한 후유증을 겪고 있어요. 모든 가치가 전복되고, 혼란이 만연하고, 무질서가 판을 치고, 도덕이 위기에 처하고, 명확한 미래상과 판단력이 실종되고, 지난날의 미덕들은 사라지고, 기본적으로 옳은 것들이 혼란의 와중에서 완전히 쇠퇴하고 있습니다. 변화하는 세상 속에서도 변할 수 없는 그 영원한 진리에 중점을 둡시다. 변하지 않고 영원하며, 제대로 이해되면 삶의 전체적인 양상을 명확하게 해줄 영적 실재에 주목합시다.

여러분이 심령주의라 부르는 것은 자연법칙의 일부입니다. 신은 불변의 법칙을 통해 우주가 지배되고 표현되도록 명하셨습니다. 이러한 법칙은 보편적인 활동의 모든 양상을 통제하지요. 전체 우주의 어떤 곳에서도, 여러분에게 알려진 곳이건, 인간이 이를 수 없는 훨씬 더 큰 영역이건, 자연법칙이 닿지 않는 곳은 없어요.

신의 의지는 신의 법령을 통해 시행됩니다. 인간이 만든 법률은 변경과 개정을 거치게 마련이죠. 대부분 불완전하며 모든 상황을 인식하진 못합니다. 그러나 신의 법칙은 일어날 수 있는 어떤 만일의 사태도 아우릅니다. 우연이나 사고로 남겨지는 사건은 존재하지 않아요. 모든 것이 통제되고 조정되죠. 모든 것이 신의 섭리 안으로 들어와요. 과학자들은 물리적인 세계의 많은 작용들을 발견했지만, 영적인 영역은 같은 연구의 대상이 되지 못했습니다. 생명을 오로지 물질의 관점으로만 판단하고 이해하거나 고찰하려 드는 사람들은 어리석은 행동을 하는 것입니다. 가장 작은 부분에 집중한 나머지 가장 큰 부분을 빠뜨리고 있는 거죠. 우리의 과업은 영의 광대한 영역, 영의 풍요로움으로 관심을 돌리는 것입니다. 그리하여 어둠과 무지에 갇혀 길을 잃은 무수한 사람들이 영적인 진리와 함께 오는 인도와 위안, 자신감을 가질 수 있게 하는 것이죠. 그것이 제가 여러분에게 말씀드리고 싶은 것의 일부입니다.

사별을 애도하는 사람들을 위로하고, 고통받는 사람들의 눈물을 닦아주는 것은 정말로 필요한 일입니다. 그것이 우리 사명의 큰 부분을 차지하지만, 우리가 실제로 누구이며, 왜 이 지구란 행성에 와 있는지, 더 큰 진보를 위해 무엇을 해야 하는지에 대한 답을 얻는 것이 근본적으로 필요합니다. 우리를 기다리는 엄청난 일이 있습니다. 재건의 과업이죠. 우리는 상처 입고 망가진 사람들, 지치고 혼란에 빠진 사람들, 어둠 속에서 희미한 빛이라도 찾는 사람들을 따스하게 맞이해야 합니다.

대안을 모색하는 많은 사람들이 우리를 향해 기대 어린

시선을 보내고 있습니다. 이것이 과연 인류를 위한 진정한 치유가 될 수 있을지를 궁금해하면서 말이죠. 이러한 진리와 그에 수반되는 힘이 그들을 돕고, 떠받치고, 인도하고, 돌볼 수 있어요. 아무리 많은 사람들이라도 상관없습니다. 문제가 무엇이든, 그것이 아무리 부족하고 염려스러운 일이라 해도 감당할 영의 보고는 무한해요.

저는 우리가 해야 할 일을 알고 있어요. 많은 청년들이 영의 진리에 대해 더 많은 것을 알고자 하는 열망을 갖게 될 것입니다. 그들의 표현을 빌리면, 우리가 제대로 할 수 있는지를 알아보려고 하는 거죠. 전 세계는 용광로 속에서 하나로 융합되고 있어요. 가치의 모든 척도가 재구성되어야만 해요. 이처럼 큰 소용돌이 속에서 확신을 갖고 이렇게 말할 수 있는 사람은 없을 겁니다. '이것은 영속하는 영의 영원한 기준이다. 이것이 여러분이 따라야 할 진리다. 이것이 여러분이 세워야 할 원리다. 이것이 토대다.'

재건을 하기 전에 먼저 파괴가 있습니다. 파괴와 재건이 일어나려는 것을 여러분은 목도하고 있어요. 제가 늘 말씀드린 토대가 이제 막 놓여졌어요. 거기엔 계획이 있습니다. 이제 그것은 서서히, 고통스럽게 모습을 드러내고, 많은 사람들이 향상을 시작해 신이 부여한 재능을 계발할 공정한 기회를 갖게 될 것입니다.

여러분을 불안과 절망으로 몰고 갈 일은 아무것도 없어요. 해야 할 일들이 있고 우리는 함께 그것을 해내면서 다른 사람들을 도울 수 있습니다. 우리에게 부여된 헌신의 특권을 기대합시다. 그리고 우리가 사람들을 도와 삶의 혁명을 일으킬 지식을 찾도록 도울 수 있다는 사실에 감사합시다. 그들도 자신들이 신성한 힘의 일부임을 느끼고, 사랑과 지혜로 가득 채워져, 삶으로부터 모든 아름다움과 즐거움, 광명을 얻을 수 있게 될 것입니다."

CHAPTER 12

새로운 세계

"가급적 많은 사람들에게 다가갈 것을 거듭 촉구합니다."

제2차 세계대전의 전투에 나갔다가 영적인 보호를 받은 일로 감사해하는 방문자와 대화하던 중 실버 버치가 말했다. 그는 수많은 사람들에게 미칠 영의 세계의 계획에 대해 재차 설명했다.

"우리가 사람들에게 안겨줘야 할 것이 뭔지를 보세요. 결코 변하지 않을 풍요로움의 광채가 늘 빛날 겁니다. 점점 더 많은 사람들이 우리에게로 오고 있어요. 계획이 그 엄청난 목표로 우리 모두를 이끌 것입니다. 우리가 수행할 과업이 할당되어 있어요. 이겨내야 할 어려움과 장애물도 있겠지만, 계속 앞으로 당당하게 전진할 것입니다.

오랜 세월 기득권을 쥐었던 세력도 우리를 굴복시키기엔 너무 늦었습니다. 그동안 우리를 반대한 사람들은 솔직히 말해 모두 유물론자들이거나 자신들의 신학에 집착한 종교인들이었어요. 그들은 모두 후퇴하고 있습니다. 그들 내에서 혼란이 일어나고 있고, 시간이 흐르면서 그 수가 줄어들고 있죠. 그러나 우리는 점점 강해지고 있습니다. 신성하고 영원한 진리가 우리의 편이기 때문입니다. 여기저기서 후퇴할 수도 있겠지만 일시적일 뿐입니다. 다시 만회하고 전진할 것입니다.

그래서 제가 이 일에 몸담고 있는 분들에게 절망하거나 의심하거나 두려워하지 말라고 조언하는 것입니다. 여러분의 배후에 있는 영의 힘은 여러분이 인식할 수 있는 것보다 더 강력해요. 방해가 되는 것이 무엇이든, 어려움이 무엇이든, 저는 그것들이 극복되리란 것을, 그리고 진리의 전진에 필요한 모든 것이 계획의 실행과 함께 마련되리란 것을 압니다."

그 퇴역 군인은 전투에 참가했다가 귀환한 것에 대해 감사를 표하려 했다. 그는 해외로 파병되기 전과 노르망디 상륙 작전이 있기 직전에도, 자신이 결국 무사히 돌아와 영적 진리의 보급에 참여하게 될 것이란 말을 들은 바 있다.

"왜 제가 당신 같은 분들에게 흥미를 느끼는지를 설명드리고 싶네요. 어떤 일에도 우연이란 없습니다. 특히 우리가 관여하고 있는 일에 대해서라면 이것은 사실입니다. 엄청난 과업이 우리의 두 어깨에 놓여 있지요. 우리 모두는 이 세계를 재건하는 일에 각자의 역할을 갖고 있어요. 영의 진리가 여러분의 세계에 영원히 깃들 것임을 보장하는 원대한 계획이 매우 구체적으로 진행되고 있습니다. 이 계획의 토대는 이미 단단하게 놓여졌어요. 그 모든 격렬한 반발에도 불구하고, 상스러운 비난과 모욕, 모함, 지상에 새로운 진리가 보급되는 것에 반감을 품은 사람들의 적대에도 불구하고 영의 힘이 머무를 것입니다."

"설마 이것이 새로운 진리는 아니지 않나요?" 퇴역 군인이 말했다.

"이전에 나온 모든 진리와 같습니다. 진리에 새로 추가되는 독창적인 어떤 내용이 있다는 뜻이라면 새로운 진리 같은 것은 없어요. 제가 말씀드리는 새로운 진리란, 표현 방식이 새롭다는 뜻입니다. 즉, 모든 의심의 그림자를 떨쳐버릴 증거를 동반한 진리란 것이죠. 새로운 것이라면 사실에 기반을 둔 증거를 영적인 진리에 결합시킨 것이라 할 수 있어요. 전에는 영적인 진리가 오로지 영적인 방법을 통해서만 이해될 수 있다고 가르쳤죠. 그러나 이 시대에는 물질계에 거주하는 사람들의 요구를, 그들의 눈높이에서 응할 수 있게 되었습니다. 영적인 진리가 물질적인 감각을 통해 입증될 수 있게 된 것이죠. 이 점이 새로운 것입니다."

퇴역 군인이 말했다. "그렇지만 오늘날 영매들이 입증하는 증거의 상당수는 2,000년 전에 예수께서 입증하셨죠."

"그것은 2,000년 전이고 지금은 그러한 사건들을 매우 미심쩍어하는 사람들로 넘쳐나는 세상이 되었어요. 그처럼 회의적인 사람들 중에는 기독교의 매우 저명한 인사들도 있구요. 이들은 주로 사적인 자리나, 가끔은 공식 석상에서도, 성경에 묘사된 사건들을 완전히 믿지는 않는다고 인정하고 있습니다."

"그들의 회의적인 태도가 옳다고 생각지 않으세요?" 모임의 한 회원이 끼어들었다.

"옳다고 생각합니다. 정직하게 회의적인 태도를 가진 분들을 결코 비난하려는 것은 아닙니다. 결국 신께서 인간에게 이성의 힘을 주신 것이니까요. 일상의 삶 속에서 쓰라고 주신 신의 선물이죠. 합리적이지 않은 것을 무작정 믿으라며 이성의 외침을 억누르는 사람들은 빛에 반대되는 삶을 사는 것입니다. 이성을 따르는 사람들은 그 과정이 아무리 고통스럽고 험난해도, 그리고 성스럽다 여겨지는 책들 속에 기록된 것들조차 버릴 수밖에 없는 상황을 맞게 된다 해도, 최소한 스스로에게는 정직한 것이라 할 수 있어요.

영적인 진리의 증거를 여러분의 세계에 보여주기로 한 계획이 이미 오래전부터 잡혀 있었습니다. 눈 있는 자들이 보고, 귀 있는 자들이 듣고, 손 있는 자들이 만지면서 의심을 떨치고 인간의 영적 본성에 대한 실체를 알게 하는 계획이 말입니다. 말 그대로 성경에서 묘사된 사건들이 일부 사실이었음을 이러한 증거들이 보여주고 있지요.

그러나 성경의 모든 사건을 확인해드릴 수는 없어요. 아시다시피 성경은 기득권에 관심이 많은 사람들의 손에 의해 훼손과 조작을 당해왔기 때문입니다. 그 계획은 종교를 본래의 상태로 재건하고, 더 이상 무미건조하고 의심스러운 신학적 논쟁에 갇히지 않게 하는 것이었어요. 종교를 신학적 논쟁의 영역으로부터 구해 확인할 수 있는 사실의 근거 위에 참된 모습으로 다시 세우는 것이었죠.

이 진정한 종교는 계속 증가하는 봉사자들을 통해 여러분의 세계에 영적인 영감이 스며들도록 할 것입니다. 그리하여 신이 아직도 역사하고 계시며, 과거 시대에 드러났던 모습에 갇히지 않는 무한한 존재라는 것을, 신이 누구이며 어디에 계시든, 인간은 그분께 다가갈 수 있다는 것을 온 세상 사람들이 알게 될 것입니다. 이것이 예정된 계획입니다."

"이 진리가 세상으로 퍼져나간 뒤에도 영의 세계와의 연결은 남아 있게 되나요?" 퇴역 군인이 질문했다.

"그렇습니다. 수문이 열리면 물이 쏟아져 나오죠. 수문은 계속 열려 있어야 합니다. 점점 더 많은 통로를 쓸 수 있게 되면서 영적 진리의 생명수가 쇄도할 것입니다. 영의 힘에는 한계가 없어요. 용량이 무한하기 때문이죠. 점점 더 많은 사람들이 스스로를 그 힘의 통로로 만들길 원하면서, 영의 힘이 더 큰 규모로 흘러넘쳐 사람들이 활용할 수 없었던 지식과 지혜가 다가올 것입니다.

이 지식 중의 어떤 것은 매우 새롭고 혁명적이지만, 사람들이 그것에 맞춰 자신의 삶을 적응시키면서 세상이 점차 변모할 것입니다. 혹과 얼룩이 제거되고, 정신과 영, 육체의 보다 큰 자유가 보장되는 새 세상이 구현될 것입니다. 보다 큰 평등, 보다 풍요로운 삶과 더불어, 인간이 자신의 영적인 힘을 인식하면서 더 고귀한 존재로 향상될 것입니다. 이것이 다가올 미래의 모습입니다. 영의 세계에는 여러분의 많은 문제들을 해결하고, 수많은 해악을 없애는 데 도움을 줄 숭고한 영들이 많이 있습니다."

실버 버치는 또 다른 질문에 답하면서 말했다.

"적절한 때에 인간의 기본적인 필수품들에 대한 혁명적인 정보들을 받게 될 것입니다. 그것은 빈곤과 기아 같은 문제의 근절에 큰 도움이 될 것이며, 더 큰 혜택이 더 많은 사람들에게 돌아가게 됩니다.

우리가 제공해야 할 것은 이중의 목적을 갖고 있어요. 우선 그것은 내용 면에서 영적입니다. 그것이 가장 중요하기 때문이죠. 인간의 영에서 일어나는 것은 그의 삶에서 다른 모든 것을 초월해요. 영은 그 사람의 영원한 실재입니다. 그러나 여러분의 세계에서 일어나는 일들은 인간의 영에도 엄청난 영향을 미치죠. 그러므로 우리는 사회의 개선과 개혁, 개량, 모든 불평등의 시정, 부당함의 제거, 질병의 추방에도 노력을 기울여야 해요.

우리는 여러분의 세계에서 준비와 교육이 되지 않은 채 영의 세계로 넘어오는 부적응자들을 언제까지고 받아들일 수 없습니다. 영혼을 준비시키는 과정은 우리가 아닌 여러분의 세계에서 이뤄져야 해요. 영들이 훈련을 받기 위해 보내지는 곳은 이곳이 아니라 그곳 물질계입니다. 너무나 많은 사람들이 우리의 세계에 적응하기 힘든 상태로 도착하고 있어요. 영의 세계에서는 이 사람들을 교육시키기가 훨씬 어렵습니다. 교육은 여러분의 세계에서 훨씬 쉽게 이뤄지죠."

마지막으로 그가 말했다.

"많은 사람들을 영적, 정신적, 육체적으로 향상시키는 일에 몸담고 계신 모든 분은 힘을 내시고 자신들의 노고가 헛되지 않으리란 것을 명심하도록 합시다. 낡은 질서가 변화하면서 새로운 질서에 자리를 내주고 있습니다. 지난 시절에 불붙은 사상이 거센 불길이 되어가고 있어요. 그 불길은 사그라지지 않을 것입니다."

모임의 회원들은 여러 차례 실버 버치가 단언하는 것을 들었다. 낡은 세계의 산고를 통해 새로운 세계가 탄생한다는 말이었다. 우리가 경험했던 몇몇 고통들은 단지 영에 대한 지식과 이해의 새 시대가 오기 전의 산고의 아픔이었다고 한다.

일전에는 이런 말을 하기도 했다.

"새날이 밝아오고 있습니다. 단순히 물질적인 관점에서 판단하고 믿었던 것보다 더 빠른 속도로 밝아오고 있어요. 여러분의 세계는 운명의 갈림길에 서 있습니다.

제가 진심을 다해 말씀드리고 싶은 것은 새로운 세계가 이미 이곳에 와 있다는 거예요. 탄생이 될 것이냐의 문제가 아니라 이미 탄생을 한 것이죠. 이제 산고의 엄청난 신음 속에서 전방위로 확산되기 시작했습니다.

새로운 세계가 모든 나라에서 똑같은 속도로 표현된다는 것은 아니에요. 그것은 가능한 일이 아니지만, 어쨌든 그 뿌리

는 내렸습니다. 아무리 큰 무질서와 어둠, 혼란이 지배한다 해
도, 기득권자들이 권력과 특권과 허식을 포기하지 않는 데서
오는 우려와 잡음이 아무리 크다 해도, 대세는 이미 결정되었
고 새로운 세계는 여러분 가운데 있습니다."

CHAPTER 13

영의 치유력

유명한 치유가인 해리 에드워즈Harry Edwards(1893-1976)가 해 넌 스와퍼의 모임을 방문해 실버 버치에게 특유의 겸손함으로 말했다.

"저는 우리 치유사들이 할 수 있는 일에는 그다지 관심이 없고, 오히려 할 수 없는 일에 관심이 있습니다. 어떻게 하면 더 나은 봉사를 하고 그쪽 세계와 더 많이 공명할 수 있을까요?"

실버 버치는 전 세계에 걸쳐 많은 친구를 얻게 해준 특유 의 단순한 웅변으로 대답했다.

"우리는 위대한 목적을 위해 서로 협력하고 있습니다. 그 것은 불운하고 약하고 고통받는 이들, 오갈 데 없는 이들, 슬픔과 비탄으로 가득 차 있는 이들에게 최대한 도움의 손길을 뻗는 것이죠. 영의 힘은 기회 있을 때마다 아픈 곳을 치유하는 봉사자를 통해 쇄도해가고자 합니다. 최대한 협력하는 봉사자들이 나오면, 그들을 통해 그 힘이 들어가죠. 그리하여 조화가 이뤄질 때 성취될 수 있는 것이 무엇인지를 세상이 깨닫게 될 것입니다.

영의 힘은 곧 생명력입니다. 생명이 존재하는 이유는 영이 존재하기 때문입니다. 영이 생명이고 생명이 영이죠. 우주가 아무리 장엄하고 어마어마하게 광대하다 해도, 그것을 만든 힘은 인간을 존재하게 해준 힘과 똑같은 것입니다. 우리가 사랑하고, 생각하고, 돌보고, 판단하고, 반성하고, 결정하고, 평가하고, 숙고하고, 영감을 받고, 인간적인 감정의 높고 깊은 모든 범위에 이르도록 해주는 힘, 그것이 바로 영의 힘이죠. 여러분이 신이고, 신이 여러분입니다. 정도의 차이가 있을 뿐, 본질과 실체는 같습니다.

인간은 신이란 존재의 미립자라고 할 수 있어요. 이 영의 힘*이 병을 치유하는 것이죠. 그 힘을 분석해서 보여드릴 수는 없습니다. 해부를 할 수도 없고, 그것의 구성 성분이 무엇

---

* 실버 버치는 신을 God이라 부르지 않고 위대한 영(the Great Spirit)이라 부른다. 그러므로 영의 힘과 신의 힘은 본질적으로 같은 것이 된다.

인지를 말씀드릴 수도 없어요. 제가 말씀드릴 수 있는 것은, 그것이 무한하게 다양한 방식으로 표현될 수 있다는 거예요. 생명은 무한하기 때문입니다.

영매 현상의 모든 측면과 관련된 전반적인 문제는 영매를 통해 영의 힘의 흐름을 조절하는 것입니다. 어떤 종류의 힘이 얼마나 표현될 수 있는가는 전적으로 활용할 수 있는 조건에 달려 있어요. 영매가 가진 자질과, 협력을 더 효과적으로 만드는 길을 따라 기꺼이 발전하려는 마음에 달려 있죠.

우리 쪽에서도 새로운 힘과 새로운 광선, 새로운 잠재력이 점차 소개되면서 항상 실험이 행해지고 있어요. 이 모든 것들은 영매의 신체적, 정신적, 영적인 건강의 영향을 받습니다. 영매가 큰 전달 능력을 갖고 있다면 큰 힘이 나타날 것이고, 보잘것없는 전달 능력을 갖고 있다면 아주 적은 양의 힘이 그를 통해 드러나게 되죠.

자연법칙에 의해 부과된 한계를 제외하면, 영의 힘의 양에는 제약이 없어요. 영의 힘이 자연법칙의 틀이나 궤도 밖에서 작용하기란 불가능하죠. 그러나 그 틀의 범위가 엄청나게 넓기 때문에 그동안 지상의 영매들을 통해 표현된 것보다 훨씬 엄청난 영의 힘이 아직 표현되지 못하고 있지요.

제가 말씀드리고 싶은 요점은 이렇습니다. 많은 선량하고 신앙심 깊은 사람들이 영의 힘은 성경에서 묘사된 시대에 정점을 찍었다고 생각하지만, 그것은 사실이 아니라는 거예요. 그동안 진보가 이뤄졌고, 오늘날 영매들을 통해 흘러들어오는 영의 힘은 지상에서 이전에 알려진 정도보다 훨씬 강합니다.

지금 당신은 큰 축복을 받았어요. 당신이 주변에 있는 존재들을 볼 수 있는 능력을 가졌다면 얼마나 좋을까요? 이미 같이 일하는 분들과 당신을 인도하는 영의 힘으로 인해 자신감을 갖고 계시겠지만, 주변의 존재들이 어떤 분들인지를 볼 수 있다면 훨씬 큰 자신감을 얻게 될 것입니다.

저처럼 늙은 영혼이 기껏 말할 수 있는 것은 이 정도입니다. 오랜 세월 동안 당신의 지상의 삶은 지금의 절정기에 이르도록 인도되어왔어요. 이제 당신은 오래전에 예견되었던 것을 성취하게 될 것입니다. 당신은 이룰 수 있는 것을 다 이루고, 협력을 통해 헌신할 수 있다는 사실에 기뻐해야 합니다. 도움이 되었나요?"

"네, 정말 많은 도움이 되었습니다. 그런데 두 가지 의문이 떠오르네요. 첫째는 영들이 우리를 보다 적절한 치유사로 만들어주실 수 있는가 하는 점인데요. 예를 들어, 양쪽 발에 장애를 가진 아이가 있다고 해볼까요? 한쪽 발은 치유가 됐지만 다른 쪽 발은 그렇지 않습니다. 어느 쪽에 문제가 있는 건가요? 치유사 쪽에 있는 게 분명합니다. 한쪽 발이 치유되면 다른 쪽도 그렇게 될 수 있다는 거니까요."

"치유사나 영들이 바라는 대로 늘 만족스러운 결과가 나오는 것은 아니에요. 최소한의 힘으로 최대한의 성과가 이루어져야 합니다. 한 사람에게 힘을 다 써버리면 치유야 되겠지만 오랜 시간 탈진 상태에 있게 되죠. 제가 실험이 행해진다고 설명을 드렸는데요. 당신과 같이 일하는 영들조차 어떤 일이 일어날지 사전에 장담할 수가 없어요. 효과가 있으리란 건 알지만, 어느 정도일지는 그들도 알 수 없는 거죠. 사전에 알 수 없는 요인들이 존재합니다.

이런 요인들이 결과에 제약을 가하는 조건들이 됩니다. 하지만 그전까지 어찌해볼 도리가 없었던 증세가 많이 호전된 것만으로도 크게 기뻐할 일입니다. 그것은 당신이 끝까지 가보겠다는 마음을 내서 당신을 쓴 존재들에게 '저 여기 있습니다. 당신들을 믿고 따르겠습니다'라고 말했기에 이뤄진 일입니다.

모든 환자가 즉각 치유되고 모든 질병과 기형이 마법처럼 사라지는 것보다 즐거운 일은 없겠죠. 그러나 그런 일은 가능하지 않아요. 여러 가지 문제들이 있어요. 이 일은 아직 어느 정도 개척기에 있어요. 당신과 인연을 맺은 존재들은 기술과 능률을 향상시키기 위해 갖가지 반응을 알아내고 여러 가지

요소들을 적용해보느라 분주하죠. 점차 개선되고 있음을 거의 매번 보셨을 거라고 생각합니다."

"네, 말씀하신 대로입니다."

"협력이 밀접할수록, 더 많은 영의 힘이 전달될 수 있어요. 또 다른 큰 문제가 있는데 한계와 관련된 거예요. 논쟁의 여지가 큰 문제에 발을 들여놓은 것 같지만, 정직하게 제 견해를 밝혀야겠습니다. 예외 없이 강요되는 한계가 있는데 바로 환자의 카르마라고 할 수 있는 것입니다. 개인의 영적인 성장과 성취에 의해 결정되는, 정신과 육체 사이의 관계죠. 제 말이 이해가 되시나요?"

"계속 말씀해주셨으면 합니다." 에드워즈가 재빨리 대답했다.

"이것은 실로 중대한 문제인데, 이제 당신을 놀라게 할 수 있는 이야기를 하고 싶네요. 당신이 하는 일의 중요한 부분은 몸의 치유가 아닌, 영혼에 영향을 미치는 것입니다. 영혼을 깨워서 육체에 대한 지배력을 더 키우고, 자신의 진정한 목적을 깨닫게 하고, 정해진 방식으로 자신을 표현하도록 하는 데 성공한다면, 치유사로서 할 수 있는 최고의 공헌을 한 것이죠. 그것이 육체를 치유하는 것보다 더 중요하며, 당신이 평생 노력해야 하는 부분이에요.

모든 사람은 정신과 육체, 영혼의 조합입니다. 서로 얽혀 있는 요인들도 있는데, 하나가 다른 것들에 미치는 영향을 간과해서는 안 돼요. 병이란 당신도 알겠지만 주로 정신과 육체, 영의 조화가 어긋나서 생기죠. 이 세 가지 측면이 완전한 조화와 일치를 이루면 완전한 건강과 안정, 균형과 의식을 얻게 됩니다.

그러나 물질계의 인간은 아주 드문 경우를 제외하곤 그걸 충족시키지 못해요. 치료를 받으려고 당신을 찾는 모든 사람은 나름대로 영적인 성장의 단계에 있어요. 사다리의 특정한 가로대에 도달해 있는 거죠. 그것이 그 사람에게 이뤄질 수 있는 치유의 정도를 결정합니다. 그것이 바로 카르마라고 말씀드린 것의 의미인데요. 당신이 할 수 있는 게 별로 없는 사람들도 있어요. 카르마의 빚을 갚을 방법이 육체를 버리는 것밖엔 없는 사람들이죠. 한 번의 기회를 더 받는 사람들도 있고요. 그런 사람들은 완벽한 치유가 가능하죠. 그리고 정신적인 부분에서 어찌해볼 도리가 없는 사람들도 있어요. 그들의 몸 상태는 일시적으로 개선될 수 있지만, 문제가 다른 증세로 다시 나타나게 됩니다."

에드워즈가 물었다. "카르마가 그 사람에게 가해지는 치유력보다 우위에 있는 거라고 보면 될까요?"

"그렇습니다. 그 점을 강조할 필요가 있어요. 이것은 그 사람이 자초한 것이고, 자신이 써가는 이야기죠. 자연의 법칙을 바꿀 수 있는 힘은 없어요. 만물은 자연법칙의 궤도와 틀 안에서 존재한다고 제가 말씀드렸지요. 모든 것이 그것을 전제로 움직여야만 합니다.

기적 같은 것은 존재하지 않아요. 자연법칙은 보류나 변경, 폐기가 되지 않습니다. 그것은 원인과 결과일 뿐이에요. 한계가 있는 것이죠. 만일 어떤 사람이 원인과 결과의 작용을 취소할 수 있는 힘을 갖고 있다면, 신의 정의에 반하게 될 것입니다. 당신이 할 수 있는 일은 영혼을 자유롭게 하고 정신을 해방시키는 것이에요. 그러면 그 결과가 육신에 나타나게 되죠."

"그것이 카르마의 빚을 해소하는 데 도움이 되기도 하는 것 아닐까요?"

"맞습니다. 영혼을 일깨워 자신이 해야 할 일을 인식하게 만드는 것이 가장 중요한 부분이라고 말씀드리는 이유가 거기에 있어요."

에드워즈가 말했다. "우리는 일하면서 늘 내면의 기쁨과 고양, 고차원적인 표현과 고차원적인 이상주의의 느낌을 받곤 하죠. 방금 말씀하신 게 아마도 그것 같습니다."

실버 버치가 말했다.

"하늘과 땅이 어우러지는 지고의 순간, 모든 장벽이 순식간에 사라질 때, 인간의 영은 자신을 발견합니다. 영은 속박을 무너뜨리고 자신의 정상적인 표현인 무아경의 상태에 이르게 되죠."

에드워즈가 다시 카르마의 문제로 돌아가 질문했다. "치유를 통해 인간의 영혼과 접촉함으로써 그들의 카르마를 해소하도록 돕는 게 가능한지 확실히 해두고 싶은데요."

이 말이 실버 버치로 하여금 심령주의의 목적에 관한 선언을 하게 했다.

"당신과 나, 그리고 이 일에 몸담고 있는 모든 이가 자신의 역할을 갖고 있는 이 사명의 총체적 목표는, 인류를 일깨워 가능한 한 많은 사람들이 자신을 자각하고 자신들이 어떤 존재인지를 깨달음으로써 일상의 삶에서 영의 모든 자질과 속성을 드러낼 수 있도록 하는 것입니다. 그렇게 함으로써 그들은 지상의 삶 전체를 변화시킬 것입니다. 이기심의 잡초로 가득 찬 황무지가 이상주의의 꽃들로 가득 찬 낙원으로 변하는 것입니다. 그것이 우리가 가끔씩 성공을 거두며 하고 있는 일이고, 하려고 하는 것이죠. 빛을 본 영혼, 스스로를 발견하고 물질주의의 잠에서 깨어난 모든 영혼은 길을 발견한 영혼이며, 확신과 앎으로 나아가기 시작합니다."

해리 에드워즈는 이 말에 감동을 받아 말했다. "충분한 도움을 받은 것 같습니다. 실질적인 치유는 중요한 것이 아니군요."

"우리가 인간의 고통에 무관심하다거나, 그릇된 삶의 결과인 질병으로 고통받는 사람들의 괴로움과 슬픔에 개의치 않는다는 뜻은 아닙니다. 그러나 이 모든 문제의 원인에 이르면, 정신과 마음, 영 사이의 모든 부조화를 끝낼 수 있습니다. 그럴 때 우리는 세상을 그들이 그토록 필요로 하는 빛으로 채울 수 있이요. 그리고 사람들은 지상의 삶에서 고귀함과 풍요로움, 광채와 아름다움을 얻게 될 것입니다. 그러면 죽음이 닥쳤을 때 영광스러운 다음 생을 준비하기 위해 헌신했던 낡은 육체를 벗고, 고통 없이 편안하게 관문을 통과할 것입니다."

실버 버치가 치유사의 아내에게 말했다.

"지금까지 이룰 수 있었던 일을 기뻐하셨으면 해요. 이곳에 계신 분들이 당신한테 큰 감사를 전해달라고 청하시네요. 이 모든 일이 일어날 수 있도록 바깥 분을 헌신적으로 뒷바라지하신 것을 잘 안다고 하십니다."

그녀는 오히려 내조가 부족한 게 아닌가 싶었다고 대답했다. 실버 버치가 말했다.

"저보다 당신을 훨씬 잘 아는 존재들로부터 들은 이야기를 전해드렸을 뿐입니다. 그분들은 당신의 마음과 정신, 영혼,

당신의 충실함과 사랑을 알고 있어요. 그분들이 말씀하십니다. 남편의 사명을 가능하게 만들어준 당신의 모든 노고에 감사를 전해달라고요. 한 분이 각광을 받으면, 다른 분은 눈에 띄지 않는 곳에 머물러 있어야 합니다. 음지에서 수고하시는 분이 없으면 각광을 받는 분도 있을 수 없는 것이죠. 우리는 안 보이는 곳에서 묵묵히 행해진 헌신이든, 많은 군중들 앞에서 수행된 헌신이든 그 모든 헌신에 깊이 감사드립니다."

또 다른 심령치유사가 오랫동안 실버 버치를 만나고 싶어하던 중, 아내와 함께 모임에 초대되었다. 부부와 인사를 나눈 뒤 실버 버치가 말했다.

"우리는 모두 공동의 목표를 위해 일하는 사람들입니다. 여러분의 세계에 만연하는 유물론을 무너뜨리기 위해 힘을 모았지요. 우리는 영의 능력을 적용하는 것이 어떻게 삶의 의미와 목적, 인간의 운명, 인간과 신의 관계, 인간들 사이의 관계에 대한 더 진실한 이해를 드러내는지를 보여줌으로써 그 일을 꽤 성공적으로 하고 있습니다.

영의 능력이 어떤 형태를 취하든, 그것이 발휘될 때는 유물론이 허위에 기반을 두고 있다는 것을 드러냅니다. 인간은 영적인 존재이며, 아주 미소(微小)하지만 신성에 속한 모든 것을, 비록 잠재적인 형태이긴 해도 소유하고 있다는 본질적이고 영원한 진리를 입증하고 있기 때문이죠. 어떤 희망도 얻을 수 없는 절망적인 환자에게 손을 얹음으로써 영의 힘이 치유를 행하는 것은 몸만을 치유하는 것이 아니라 영혼까지 감화시키는 일입니다.

영혼을 오랜 잠에서 깨워 자신의 진정한 모습을 깨닫도록 하는 것이 제 사명의 일부죠. 저는 치유가 패리시에게 육체를 치유하는 일도 중요하지만 영혼을 감화시키는 것이 더 중요하다고 말하곤 했어요. 영혼이 자신을 발견하는 것은 고통과 슬픔 속에서일 뿐이라고 그에게 말하곤 했지요. 깊은 절망에 빠진 채, 삶의 물질적인 것에는 아무런 위안과 희망도 없다는 것을 알게 되면, 영혼이 자신의 본모습을 찾게 됩니다. 영혼은 자신의 생명력과 힘이 물질적인 육체나 육체가 잠시 머무는 물질계에서 오는 것이 아니라, 보이지 않는 세계, 모든 실재와 생명의 고향으로부터 온다는 것을 깨닫습니다.

당신은 저에게 끌렸기에 저를 찾아왔지요. 저와 당신은 위안과 희망을 찾으려면 어디로 가야 할지를 몰라 방황하다 지친 사람들에 대한 똑같은 사랑으로 충만해 있어요. 우리는 그 길을 모든 사람에게 보여줄 수 있어요. 그들의 삶을 축복하고 기쁨과 존엄성, 고결함과 빛을 얻는 방법을 알려주는 진리로 이끌 수 있습니다."

그런 뒤에 실버 버치는 치료 중의 자신의 반응을 설명한 그 치유사가 제기한 문제에 대해 언급했다.

"우리는 영의 힘이 영매를 통해 흘러들 때 일어나는 일에 대해 배우는 것을 언제든 반겨요. 영의 힘의 쇄도는 전반적으로 실험의 대상이 되고 있지요. 대략적인 윤곽을 제외하면 사전에 모두 계획되는 것은 아니에요. 어떤 영매를 통해 전달될 수 있는 힘이나 빛, 기운의 양도 그 시기의 지배적인 환경에 달려 있어요.

이를테면 영매의 건강도 하나의 요인이 됩니다. 영매의 기분도 차분하든 불안하든 또 다른 요인이 되고요. 영매의 수용력에 대한 모든 문제는 자연스럽게 서로 연관되어 있어요. 그에 더해 영매 주변의 인물들과 연관된 환경들도 있는데요. 교령회라면 개개의 회원들 모두가 나름의 영향을 미치죠. 많은 것들이 고려되어야 합니다. 그리고 치유를 받아야 할 고통받는 환자, 그의 영적, 정신적, 물질적인 환경이 있죠. 이 모든 것이 전달되는 힘의 양에 영향을 미쳐요.

영매를 통해 영의 힘을 보내고 받는 것이 한순간이라도 영매에게 영향을 미치지 않는다고 가정할 수는 없을 텐데요. 영매는 힘이 지나가는 파이프 같은 존재가 아니에요. 영과 정신을 지닌, 신체적인 기능이 복잡하게 얽혀 있는 인체입니다.

아무런 영향도 미치지 않고 생기를 주는 역동적인 힘을 보낼
수는 없는 거죠. 모든 것은 영매가 얼마나 잘 계발되어 있느냐
에 달려 있어요.

영매를 지망하는 사람들, 치유가가 될 가능성이 있는 사람
들은 노련한 사람의 보호하에 재능을 키워야 한다고 거듭 권고
되는 이유가 바로 그 때문입니다. 그리고 이것이 가장 중요한
데, 그 지망생을 통해 일하는 인도령의 협력이지요. 가장 성공
적인 형태로 적절한 힘이 전달될 수 있도록 재능이 발현되는
것은 아주 기나긴 훈련 과정을 거친 이후에야 가능합니다.

패리시는 자신의 매개 역할을 통해 많은 성공을 거뒀어
요. 그는 대부분의 사람들이 준비하지 못한 것을 갖추고 있었
죠. 그것은 필요한 희생입니다. 그것이 치유의 큰 비결이에요.
당신은 재능을 계발하려는 열망을 가져야 합니다. 청결과 올
바른 사고가 주요한 동기가 되도록 자신의 삶을 통제해야 하
고요. 영의 신전인 육신을 최대한 정갈하게 유지해야 합니다.
열심히 일하다 건강이 나빠지지 않도록 스스로를 세심하게 살
펴야 해요. 회복기에 필요한 조정이 이뤄질 수 있도록 가끔 쉬
어주셔야 합니다.

필요한 협력을 제공할 준비가 된 영매가 존재할 때 최상
의 결과를 얻게 되죠. 당신은 자신이 하는 치유의 영향을 받

게 돼요. 영적인 존재라서, 당신을 통해 들어오는 것은 무엇이든 특히 정신적, 육체적인 면에서 흔적을 남기기 때문이죠. 그리고 당신이 가진 자원으로 부족해 추가적인 힘이 필요해지는 매우 극단적인 경우엔, 조정이 이뤄지기까지 일시적이긴 해도 반작용을 예상해야 합니다."

치유사가 감사를 표하려 하자 실버 버치가 말했다.

"제가 아닌 신에게 감사를 드리세요. 우리는 단지 대리인일 뿐입니다. 우리는 어떠한 칭찬이나 영광, 기도, 감사를 요구하지 않아요. 우리는 위대한 목적의 매개자일 뿐이며, 각자 맡은 일을 할 뿐이란 걸 늘 인식하도록 합시다."

그러자 그 방문객이 말했다. 많은 사람들이 치유의 '기적'을 말하는 것을 들었지만 이러한 사례들을 한 번도 본 적이 없다는 것이었다. 그의 치유는 다른 계통에서 행해지고 있었다. 그가 질문했다. "치유를 하는 사람들이 제각기 다른 종류의 재능을 갖고 있는 건가요?"

"아주 다양해요. 그러나 모두가 영에서 나오는 겁니다. 영의 힘은 무한해요. 무한하게 변화되는 모습을 갖고 있죠. 심지어 가장 닮은꼴을 하고 있는 쌍둥이라도 완전히 똑같지는 않잖아요. 영의 힘은 무한한 변형이 있다 보니 다른 영매들을 통해 비슷한 방식으로 자신을 표현할 수가 없는 겁니다. 그것은 지배적인 환경에 좌우돼요. 우주 만물은 크든 작든 자연법칙의 통제를 받기 때문이죠.

이 모임에 정기적으로 참석하신 분들은 이것이 제가 지겹도록 반복해온 주제라는 것을 아실 텐데요. 그것은 자연법칙의 불변성이란 주제입니다. 신은 질투하고 복수하거나 변덕스럽고 편파적인 존재가 아니에요. 자연법칙의 작용은 우주 어디에서나 볼 수 있어요. 여러분의 물질계뿐 아니라 제가 사는 영의 세계에서도, 어딜 가든 자연법칙이 지배함을 알게 되죠. 우연, 변덕, 기적, 사고 같은 건 존재하지 않아요. 모든 것은 질서정연하고 정확한 순서를 따르는 인과의 법칙에 의해 일어난답니다.

자연법칙은 전체 우주와 그 안에서 일어나는 모든 일을 지배해요. 그것이 곤충의 영역이든, 인간의 영역이든, 행성의 영역이든, 어디에서도 늘 법칙이 작용함을 보게 됩니다. 이러한 법칙은 인간의 욕망이나 의지를 인식하지 않아요. 인간의 생각이나 견해, 소망은 자연법칙을 바꾸지 못하죠. 법칙은 늘 작용해왔고, 지금도 작용하고 있고, 앞으로도 작용할 것입니다. 시간은 영원하고 법칙도 영원하기 때문이죠.

기적은 존재하지 않아요. 자연법칙에 따라 작용하는 영의 힘은 그 법칙이 아직 지상의 존재들에게 드러나지 않거나 이해되지 못하는 경우, 기적처럼 보이는 일을 할 수는 있어요. 영의 힘은 생명입니다. 생명이 영이고, 영이 생명이죠. 생명이 있는 곳에 영이 있고, 영이 있는 곳에 생명이 있습니다. 영의 힘이 충분하게 전달될 수만 있다면 생명의 모든 특성이 생겨나면서 기적으로 여겨지는 것들이 많이 일어나죠. 그러한 일들은 또 다른 법칙이 작동되기 때문에 일어나는 건데요. 당신은 그중 어떤 원인의 결과를 보기도 해요. 불구자가 온전해지고, 귀머거리가 듣기 시작하고, 맹인이 눈을 뜨는 거죠. 최초의 인류가 살고 움직이고 걷고 숨쉬고 생각하고 보고 듣게 한 것과 똑같은 힘, 그 힘이 다시 작동되어서 비슷한 결과를 낳고 있는 겁니다.

당신은 영이기 때문에, 영을 제외한 육체적인 골격은 자체로 아무런 생명도 없어요. 영이 빠져나가면 죽음이라 불리는 무력함만 남게 되고, 육신을 통해 아무런 활력도 흐르지 않게 됩니다. 만일 당신이 영의 힘을 병에 걸린 몸의 부위에 작용하도록 할 수 있다면, 그 생명력이 잃어버린 것을 재생할 수 있어요."

마지막으로 실버 버치는 방문자와 그의 아내를 격려했다.

"두 분 모두 계속 앞으로 나아가세요. 두 분은 확실성의 길로 단호하게 발을 들여놓으셨고 불우한 사람들을 돕는 데

두 분을 활용하려는 사랑의 힘으로 인도되고 있어요. 하시던 대로 다른 사람들을 계속 도우세요. 그러면 인류에게 가장 큰 축복인 영의 힘을 점점 더 끌어당기게 될 것입니다."

실버 버치는 이러한 말로 끝을 맺었다.

"우리가 가진 재능이 무엇이든 최대한 계발하도록 노력합시다. 우리의 신성한 유산에 걸맞은 존재가 되도록 노력합시다. 우리에게 허락된 지식의 빛 속에 우리의 삶을 맡기고, 이 지식이 가져다주는 책임을 충분히 의식합시다. 우리를 사용하려는 존재들이 우리의 노력에 실망하지 않도록 그에 걸맞은 존재가 되기를 빕니다. 그리하여 모든 생명의 신과 조화를 이룰 수 있기를. 신의 뜻이 우리의 뜻이며 우리는 인류 전체를 인도하려는 목적에서 하나이기 때문입니다."

CHAPTER 14

효과가 없는 기도들

좋은 날씨나 비를 간구하는 기도들은 정통 교회에서 통상적으로 행해진다. 스와퍼 모임의 회원들이 그런 기도들에 대한 토론을 하고 있을 때 한 참석자가 질문했다. "갑자기 날씨를 좋게 하려면 신은 무엇을 해야 할까요? 아이슬란드 상공의 대기압을 얼마나 이동시켜야 하는 건가요? 그리고 그런 일을 어떻게 하는 거죠?"

실버 버치가 말했다.

"전에도 그런 질문을 받았었는데요. 신은 여러분이 갑자기 뭔가를 집단적으로 탄원할 때 영향을 받지 않습니다. 신은 신이기 때문에 성당이나 교회로 불리는 곳에서 그런 움직임을 보이기 이전에 각자가 필요로 하는 것을 잘 알고 있어요.

기도는 많은 수의 사람들이 함께 모여 정한 말이나 특별하게 고안된 문장을 듣는 게 아니에요. 기도는 자연법칙의 작용을 바꿀 수 없습니다. 원인과 결과의 연속에 개입할 수 없다는 거죠. 돌이킬 수 없을 만큼 정교한 원인과 결과의 연속, 그 수학적인 확실성을 가로막을 힘이 인간에겐 없어요. 기도는 영이 발휘되는 것으로서의 가치를 지녀요. 자신의 한계를 인식하고, 그와 동시에 타고난 힘 또한 인식하는 개인이, 자신의 존재 안에 잠재된 에너지의 흐름을 분출시키고, 더 위대한 행동을 하도록 만드는 것이죠.

이처럼 진정한 형태의 기도는, 인간의 영이 지상의 속박으로부터 풀려나 더 큰 발현을 찾을 수 있는 수단이라고 할 수 있어요. 인간은 기도를 통해 자신을 고차원적인 힘에 더 수용적이 되게 하고, 그러한 과정을 통해 자신의 기도에 응답을 받게 됩니다. 본인이 직접 기도의 응답을 위한 매개체가 되는 거죠. 헌신을 열망함으로써 더 큰 영감을 받을 자격이 되는 존재로 변하는 것이 기도입니다. 그것이 제가 기도의 가치를 이해하는 방식이에요. 그러나 자연법칙을 바꾸려는 집단적 탄원은 어떠한 효과도 얻을 수 없어요."

어떤 참석자가 교회에서는 나쁜 날씨가 세상의 사악함의

징조 같은 것으로 간주된다는 말을 하자 실버 버치가 대답했다.

"저는 세상이 사악하다고 생각하지 않아요. 비가 죄의 징벌로서 내린다고 생각지도 않고요. 자연의 사건과 인간의 삶은 그 정도로 연관되어 있지는 않아요. 게다가 몇 달 전보다 지난주가 더 사악했던 것도 아닙니다. 그런 것은 편파적이고 편애와 분노, 노여움을 지닌, 인간을 확대시켜놓은 듯한, 신의 낡은 개념이죠.

전체 우주를 형성한 힘이 집단적인 기도로 인해 방향을 바꾸거나 하지는 않아요. 인간이 할 수 있는 것은, 우주의 법칙이 어떻게 작용하는지를 발견하고, 자신을 그것과 조화시키며, 가장 큰 행복이 가장 많은 사람들에게 수용되도록 법칙이 작용되는 시스템을 만드는 것입니다. 그렇게 인간의 깨어난 영 안에서 표현된 신은 온전하게 작용합니다."

"당신은 인간이 궁극적으로 그러한 힘들을 활용하게 될 거라고 생각하나요?"

"부분적으로는 활용이 될 겁니다. 그러나 그럴 만한 자격을 갖춰야 해요. 각성이 돼서 인류의 봉사에 이 힘을 활용하는 법들을 알아야만 하죠. 보상과 징벌이 작용하는 영원한 원리가 존재해요. 지식이 어떠한 선물을 가져다주든, 언제나 반작용이 따릅니다. 그 지식으로 하게 될 일에 대한 책임, 인간의 인격에 의해 결정되는 책임이 그것인데요. 인간의 인격은 지식에 의해 결정됩니다.

여러분 모두가 원자의 발견에 대해 들어보셨겠지만, 모든 요소가 알려질 때, 발견된 것들을 부분적으로 억제하는 또 다른 요소들이 아직 드러나지 않았음을 알게 될 것입니다. 지금의 인간은 삶 자체를 통제할 수 있는 위치에 결코 서지 못할 것입니다. 자신에게 점점 더 강한 힘을 주는 점점 더 많은 비밀을 밝히게 될 테지만, 책임감이 그 힘과 보조를 맞추지 않는다면, 이러한 힘들은 오용될 것이고 파멸을 초래할 것이며, 진화가 중단될 것입니다."

"그러면 좋은 날씨를 비는 기도들은 영의 세계에서 아무런 의미도 없는 건가요?" 참석자가 질문했다.

"그렇습니다. 그러한 기도에 성실함이 표현된다 해도, 자연법칙을 바꾸지는 못해요. 생명의 일상적인 사건들에서 신적인 징조를 보는 사람들을 조심하세요. 그것은 미신입니다. 우리가 호소하는 것은 지식과 이성이구요."

모임과 방문객들에게 작별 인사를 하면서 실버 버치가 말했다.

"저는 인류에게 헌신하기를 원하는 모든 분을 사랑합니다. 저는 여러분의 세계 근처에서 오랜 세월 일했고, 많은 친구들을 사귀었어요. 저의 우정을 받아들인 각각의 분들이 저에겐 소중한 영혼입니다.

여러분은 다른 사람들을 도울 많은 기회를 목전에 두고 있어요. 어떤 분야에서 일하는지는 중요치 않아요. 단 한 명의 영혼을 감화시킨다 해도, 단 한 명의 사람이 삶의 무거운 부담을 덜도록 돕는다 해도, 단 한 명이 애도를 멈춘다 해도, 단 한 명이 치유된다 해도, 여러분의 도움으로 단 한 명만이 인생의 가치를 느낀다 해도, 그 삶은 살아갈 가치가 충분히 있는 것입니다.

어디로 가야 할지 모르는 수많은 사람들이 있습니다. 그러므로 한 사람이라도 진리와 지혜의 빛을 발견한다면 우리는 기뻐합니다. 빛을 발견한 사람들은 각성이 되기 때문에, 다른 사람들과 그 빛을 나눌 수 있길 바라게 되죠. 그렇게 신적인 빛이 지상에 퍼져가고 어두운 구석이 한 곳도 남지 않을 때까지, 모든 사람이 햇빛 속에 있을 때까지, 그들을 인도할 지혜와 사랑으로 그 빛이 확산되길 바랍니다.

뒤틀리고 일그러지고 절망에 찬 존재들이 너무 많아요. 좌절과 공포 속에 살아가는 사람들, 아무런 희망도 없이 살아가는 사람들이 너무 많죠. 우리는 그들에게 영의 풍요로움을 제공하여 무한한 지혜의 모든 결실을 누릴 수 있길 바랍니다."

또 다른 모임에서도 비슷한 주제가 거론되었다.

"많은 심령주의 교회에서 의사와 간호사들을 위한 기도가 행해집니다. 모든 의사와 간호사들이 치유사가 될 수 있도록 기도를 하는 건 좋은 것 아닌가요?"

실버 버치가 대답했다.

"의사와 간호사들이 치유사가 되는 것은 아주 좋은 일이죠. 그러나 그것을 위해 기도하는 것은 영향을 미치지 않을 겁니다. 여러분의 세계에서는 기도에 관한 큰 오해가 존재해요. 기도는 여러분이 이행될 필요가 있다고 여겨지는 일을 위해 신을 부리는 행위가 아니에요. 설령 그것이 아무리 겸손하게 행해진다 해도 그렇습니다.

전지전능한 신은 의사와 간호사가 병자들을 치유하는 일에 충분한 지식을 가질 필요성에 대해 아주 잘 알고 있어요. 신에게 간청을 해서, 이 훌륭한 필요성을 상기시키는 일을 한다고 해서 의사와 간호사들이 치유의 영매로 변화되지는 않아요. 기도의 기능은 영적인 발휘에 있어요. 영혼이 보다 큰 자아를 발견하고, 자신에게 부과된 물질적 한계에서 벗어나 더 자연스럽게 자신과 연결되어 있는 높은 힘들과의 일치를 이루기 위한 수단이죠.

따라서 진정한 기도는 개인이 생기를 되찾고, 더 큰 영감과 힘을 받아들이기 위한 수단일 뿐이에요. 진정한 기도는 자신의 의지가 신의 의지와 조화를 이룰 수 있도록 허용하는 것입니다. 기도는 인간이 자기반성의 시기에 내면을 들여다보게 합니다. 자기 안에서 신성한 일을 망가뜨리고 있는 결점과 흠을 보고, 그것을 몰아내기로 결심함으로써 완성을 향해 나아가게 되는 것이죠."

그리고 여기 실버 버치가 즉석에서 한 많은 아름다운 기도 중의 전형적인 사례가 있다.

"오, 위대한 신이시여, 우리는 완전한 법칙 뒤에 존재하는 완전한 사랑을 드러내려 애쓰고 있습니다. 모든 세기에 걸쳐 인간은 당신을 마음속에 그려보려 했고, 그들의 상상은 자신들의 결함과 한계, 제약에 바탕을 두고 있었습니다. 그들은 보편적인 삶을 명령하는 천상의 지혜를 희미하게나마 마주쳤고, 이러한 초월적 힘을 자신들이 이해할 수 있는 말들로 옮기려 했습니다.

그들은 당신의 특징을 모든 인간에 공통된 약점과 결점, 열정을 지닌 인간의 관점으로 상상했습니다. 호의나 분노를 표출하기 위해 끼어드는 사적인 신을 마음속으로 그렸습니다. 오랜 세월 동안 지적으로 성장해왔으면서도, 우주의 창조주에 대한 인간의 그림은 당신의 실제 모습에 턱없이 못 미쳤습니다.

당신은 무한함을 유한한 언어로 표현하는 어떤 사람의 정신도 초월합니다. 당신의 모든 위엄과 당신의 사랑과 지혜의 영원함은 감각이 물질의 영역에 갇혀 있는 존재들에게 이해를 시킬 수 없는 것입니다. 그리하여 존재의 다른 양상들을 체험한 우리는 자연의 법칙을 가리키게 됩니다. 만물을 품고 조정하는 법칙, 계획을 이루는 데 한결같은 불변성을 지닌 법칙, 무수한 형태의 존재들로 가득 찬 우주 안의 모든 종류의 활동에 대비하는 법칙, 생명의 모든 자연스러운 현상을 통제하는 법칙, 인간의 활동 범위를 조정하는 법칙입니다.

우주가 어떻게 다스려지는지에 대한 이해를 지니고, 편파적인 신의 관념을 일축하면, 마음속에 순서와 질서, 리듬, 조화와 완벽한 균형의 큰 그림이 다가옵니다. 개개의 인간들은 자신이 무한한 계획의 일부이며, 자신의 삶이 신성한 계획에서 할당된 역할을 수행하고 있음을 깨닫게 됩니다.

인간의 삶에 광택을 더하는 영의 자질을 드러내는 것이 우리의 사명입니다. 그러한 영혼과 정신의 재능은 여전히 개척되지 못한 영역입니다. 그것은 막대한 잠재력으로 가득 차 있으며, 발휘될 경우 인간의 삶에 풍요로움과 쾌적함, 원대함과 고결함, 폭넓은 비전, 그리고 이해력의 전반을 변모시킬 정신적인 성장을 가져올 것입니다. 이러한 것들이 인간을 영원성과 결부시킬 양상들입니다. 이러한 것들이 당신이 불어넣으신 신성한 속성입니다. 그리고 이러한 것들은 계발이 될 경우, 인간을 신처럼 만들고 그가 자신의 천부적인 권리를 실현할 수 있도록 도울 것입니다.

그리하여 우리는 영적인 성취의 영역에서 노력하고 있습니다. 이곳은 수많은 무지의 지배를 받고 있기 때문입니다. 무지를 몰아낼 수만 있다면, 진리의 빛이 모든 인류의 인도자가 될 것입니다. 어둠에 속한 모든 것은 더 이상 존재할 수 없게 될 것이며, 당신의 자녀들은 당신이 의도하신 대로 자유롭고 올바르게, 자신들의 신성에 걸맞은 삶을 살게 될 것입니다. 이것이 헌신을 추구하는 당신의 인디언 봉사자의 기도입니다."

CHAPTER 15

질문에 답하다

해넌 스와퍼 모임의 질의응답 시간이었다. 가끔 실버 버치는 교령회의 전체 시간을 온갖 문제를 안고 있는 온갖 종류의 사람들이 보낸 질문에 답하는 것으로 보낸다.

"심령주의를 반대하고 평생 합리주의자로 살았던 조지 웰스★ 같은 사람은 어떤가요? 죽고 나서 자신이 믿지 않은 영의 세계에 와 있음을 깨달았을 때 그는 어떤 감정을 느꼈습니까?"

이 질문에 실버 버치는 우선 웰스를 '엄청난 지적 능력으로 인해 불행하게도 분별력을 잃은 위대한 영혼'이라 언급하

★ Herbert George Wells(1866-1946): 영국의 소설가이자 언론인, 사회학자. 《타임머신》, 《우주전쟁》, 《투명인간》 등 SF 소설의 창시자.

면서 답변을 시작했다.

"만일 최고의 지적 능력에 아이 같은 단순함이 결합된다면, 대단한 사람들이 지상에서 진화를 하게 될 겁니다."

실버 버치는 웰스 같은 사람들에겐 영의 삶이 '엄청난 충격'이며, 적응의 과정을 거쳐야 한다고 말했다.

"평생에 걸쳐 쌓아온 철학이 완전히 무너지는 것이라 이해를 못하는 것이죠. 자신들이 가장 논리적이고 과학적인 방법으로 증명한 사상에 부합되지 않는 것이다 보니, 오히려 우주에 뭔가 문제가 있다고 생각합니다. 그래서 적응이 필요해지고, 기나긴 논쟁과 토론이 이어지죠."

실버 버치는 웰스를 가장 많이 도운 영이 위대한 인권 투사였던 합리주의자 찰스 브레들로*였다고 말했다. 웰스를 도운 또 다른 영은 저명한 사회사상가 토머스 페인**이었다.

"페인은 위대한 인물이었죠." 해넌 스와퍼가 말했다.

"지금도 위대합니다."

---

* Charles Bradlaugh(1833-1891): 영국의 정치인이자 사회활동가, 무신론자.

** Thomas Paine(1737-1809): 영국 출신의 작가. 페인의 저술은 전 세계적인 베스트셀러가 됐으며 프랑스 혁명과 미국 혁명의 도화선 역할을 했다. 책을 한 권이라도 더 팔기 위해 수익금을 전혀 받지 않았는데 이로 인해 생활고를 겪었다. 그가 주장한 사회개혁론은 오늘날의 관점에선 상식적인 내용이지만 당시에는 지나치게 급진적인 것으로 여겨졌으며 무신론자라는 오해까지 겹쳐 고달픈 말년을 보냈다.

실버 버치가 스와퍼의 말을 바로잡았다.

"여러분의 세계가 평가하는 것보다 훨씬 더 위대하죠. 그는 거인입니다. 동시대인들보다 훨씬 우뚝 솟아 있었던 영적 거인이에요. 영매의 기질을 타고난 인물이라 세계가 안고 있는 문제의 해결책을 미리 내다보는 안목을 지니고 있었죠. 그는 인류가 자유로워야 하며 모든 속박을 떨쳐내야 한다는 것을 깨달았어요. 위대한 종교적 인물이었죠. 진정한 의미의 '종교적'인 인물이었어요."

"시어도어 루스벨트[***]가 페인을 '작고 더러운 무신론자'라고 불렀죠." 스와퍼가 말했다.

"저도 알아요. 저처럼 당신도 페인의 영이 루스벨트를 어떻게 도왔는지를 볼 수 있었다면, 그가 얼마나 대단한 인물인지를 깨달았을 겁니다. 실상과 마주하면 지상의 가치 평가는 금방 변하죠."

그는 웰스가 주변의 말을 듣지 않고 심령주의에 대한 편견을 가졌던 것에 후회하고 있다고 덧붙였다.

"아무튼 그 사람은 평생 그렇게 살았지요." 스와퍼가 말했다.

[***] Theodore Roosevelt(1858-1919): 미국의 제26대 대통령.

"네, 압니다. 그러나 죽음은 엄청난 각성이라는 걸 아셔야 합니다. 영적인 격변의 절정이라 할 수 있어요. 그 와중에 소홀히 해온 일들에 초점을 맞추고, 굵직한 성공들은 간과하는 경향이 있습니다."

"훌륭한 인간일수록 자신을 안 좋게 생각하는 게 문제인 것 같아요." 스와퍼가 말했다.

"영계의 삶이 시작되는 초기 단계에는 아무래도 그렇게 되는 경향이 있어요. 균형과 조정 과정의 일환이라 볼 수 있죠. 시간이 지나면 자신의 평균적인 수준을 발견하게 돼요. 그리고 보다 논리적이고 정직한 관점으로 지상에서 살았던 자신의 삶을 평가하기 시작합니다.

사람이 죽어서 우리의 세계로 오면 영혼은 모든 가식이 떨어져 나가면서 벌거벗은 채로 서게 돼요. 어쩌면 그 사람의 일생에서 처음으로 벌어지는 일일 겁니다. 그것은 엄청난 충격이라 이런 생각을 하게 되죠. '내가 하지 말았어야 했던 일이 뭐였지? 그리고 게을리했던 일이 뭐였을까?'

그는 자신이 했던 모든 선행과 헌신, 도움을 잊은 채 불충분하다고 생각되는 부분에 집중을 하지요. 일단 그 단계가 지나면 실상을 접하게 됩니다. 이것은 영의 자기적인 작용이 처음으로 일어나면서 생기는 일이죠. 그래서 많은 사람들에겐

이 과정이 충격이 되기도 하고, 또 다른 사람들에겐 즐거운 놀라움이 되기도 해요. 눈에 띄지 않는 자신만의 방식으로 선행을 펼쳐온, 조용하고 알려지지 않은 많은 사람들이 우리 세계로 와서 존경받는 유명인보다 자신들이 훨씬 높은 평가를 받는다는 사실을 알고 놀라곤 합니다. 충격을 받는 것에도 두 종류가 있는 것이지요."

"제 생각엔 웰스가 큰 환영을 받았을 것 같아요." 스와퍼가 말했다.

"네, 그럴 만한 자격이 되는 사람이었어요. 세상을 계몽했고 지식을 전파했죠. 많은 사람들에게 진리를 안겨주었고, 무지 속에 살고 있던 수백만 명의 눈을 뜨게 했습니다."

나중에 전쟁 후의 사회 상황에 대한 토론이 벌어졌을 때 실버 버치가 말했다.

"지상의 평화는 사람들이 헌신과 협력, 관용의 삶을 통해 마음의 평화를 얻고, 서로에 대해 선한 의지를 품을 때만이 찾아올 수 있습니다. 이기심이 확산되고, 많은 이들의 궁핍엔 개의치 않으면서 사치와 향락을 즐기는 소수가 존재하는 한 평화는 오지 않아요. 세계 곳곳의 사람들이 평화 속에 살길 희망하고, 자신들의 신성한 기원을 기억하고 자신들이 영의 영원한 동료애 속에 결합되어 있음을 인식할 때 평화가 찾아와 여러분

속에 깃들 것입니다. 만일 사람들이 이러한 지식의 토대 위에
사회 시스템을 세운다면 진정한 평화가 생겨날 것입니다."

　이 교령회에 14년 동안이나 어떤 유명한 정치인의 영으로
부터 자동기술로 메시지를 받은 남자가 참석했다. 그러나 그
정치인의 영은 자신의 정체성에 대한 증거를 주기를 꺼렸다.
메시지를 받은 남자는 사적인 증거가 없기 때문에 사람들이
자신의 원고를 읽지 않을 것이라 믿었다.

　실버 버치가 그에게 말했다.

　"저는 당신이 옳은지 모르겠습니다. 이것은 영적인 존재
들과의 대화에 있어서 오랫동안 문제가 되어왔던 것인데요.
우리 세계의 어떤 존재들은 자신들이 얻은 지식을 물질계에
전함으로써 계몽을 하고자 노력하고 있어요. 이러한 존재들이
여러분의 세계에서 유명인이었을 경우, 그들은 개인적 증거를
주는 일을 적어도 한동안은 주저하게 되는데 집필의 목적이
혼란스러워지기 때문입니다.

　그들의 집필의 취지는 정체성에 관한 증거를 연달아 주는
것이 아니라 영감의 본질, 그 고차원적이고 심오한 내용을 여
러분의 일반적인 방식과는 다른 형태로 전달하는 것이라 들었
습니다. 초기 단계에서 자신의 정체성에 대해 압도적으로 강력
한 증거를 제시하려는 시도가 이뤄졌다면, 십중팔구는 메시지

전달의 장벽 역할을 했을 텐데요. 당신 스스로 글을 쓴다고 주장하는 사람이 정말 그 사람이 맞는지 의심을 품었을 겁니다.

중요한 건 메시지이지 메시지를 보내는 사람은 아니라는 믿음이 있기에 메시지에 집중을 하게 되는 거죠. 메시지는 그 내용의 가치에 따라 운명이 결정됩니다. 증거를 제공하는 목적은 여러분의 세계에 지식을 전달하는 것과는 범주가 다르다는 것을 기억하셔야 해요. 한쪽에선 의심하는 사람들을 확신시킬 필요가 있고, 다른 한쪽에선 들을 준비가 되어 있는 사람들한테 메시지를 전하고 설득하게 됩니다.

영적인 진리는 받아들일 준비가 되어 있는 사람들만 알아볼 수 있다는 것을 인식하셔야 해요. 지혜는 그것을 수용할 수 있는 단계에 이를 때까진 받아들여지지 않아요. 영의 세계의 과업은 본질적으로 이중적인 면이 있어요. 하나는 인간의 신체적인 감각을 충족시키는 증거를 통해 영적인 실재를 확신시키는 것이죠. 또 다른 목표는, 이것도 마찬가지로 중요한데, 사람들에게 자신이 영적인 유산과 숙명을 지닌 영적 존재라는 것을 일깨워주면서, 지식을 일상의 삶 속에 적용시키는 것입니다. 인간은 신성으로 창조되었기에 자신의 영과 정신, 육체의 성장에 필요한 모든 것을 가질 권리가 있다는 것을 일깨워주는 것이죠.

불공정과 불평등, 학대와 이기주의, 어둠을 조장하고 빛을 가로막는 모든 것, 무지를 고집하고 지식을 억압하는 기득권 세력들과 맞서야만 합니다. 인간은 영과 정신, 신체의 자유 속에서 삶을 영위해야 하기 때문입니다."

한 신문사 회장이 유명 작가 버나드 쇼Bernard Shaw(1856-1950)가 대답해 화제가 된 질문을 실버 버치에게도 던졌다. 쇼가 받은 질문은 이랬다. "환경이 다른, 또 다른 차원에서 개인의 삶이 연속된다는 것을 믿지 않으신다면, 죽음 이후에는 어떤 일이 있을 거라고 생각하십니까?"

쇼는 대답했다. "더 이상 존재하지 않기 때문에 아무 일도 일어나지 않습니다."

쇼의 답변에 대해 하고 싶은 말이 있냐는 질문에 실버 버치가 답했다.

"제가 하고 싶은 말은 우리는 언제나 존재한다는 것입니다. 생명은 영원하며 개체성은 죽음 뒤에도 유지됩니다. 자연의 법칙은 어떠한 경우에도 예외 없이 작용하죠. 모든 것은 죽음을 거쳐 삶으로 향합니다. 그것이 신의 명령이기 때문입니다.

신을 믿지 않는 사람들도 자연법칙을 따라야만 합니다. 현명한 자든 어리석은 자든, 성인이든 죄인이든, 이성적인 자든 무지한 자든, 부유한 자든 가난한 자든, 정말이지 모든 사람이 죽음 뒤에도 살아남습니다. 그것이 자연법칙이기 때문이죠."

쇼에게 주어진 그다음 질문은 다음과 같다. "예수의 부활을 설명할 수 있는 물질화를 믿습니까?"

쇼의 답은 이랬다. "생명이야말로 생명력에 물리적인 작용물을 공급하는 일종의 물질화입니다. 예수의 부활은 일어나지 않았습니다. 예수 자신만큼이나 과학에 무지했던 누군가가 지어낸 이야기입니다."

실버 버치가 이에 대해 언급했다.

"너무 단정적인 주장이네요. 그런다고 진실이 되는 건 아닙니다. 어떤 일이 일어나지 않았다거나 일어날 수 없다고 말하는 것은 쉬운 일이지요. 무수한 이들에게 흔히 일어나는 사실조차 직접 체험해본 적이 없으면 지혜로운 사람도 무지를 말할 수 있어요.

예수의 부활은 흔해 빠진, 자연스러운 사건이었어요. 죽음 이후에도 계속 살아가는 모든 사람의 부활만큼이나 평범하고 자연스러운 일이었죠. 과학과 아무런 상관도 없어요. 그것은 자연법칙의 일부입니다. 순전히 생물학적인 기능이랄까요?"

실버 버치는 종종 옆에 있는 노스클리프의 위트 있는 언급을 전하곤 한다. 노스클리프의 조크는 이랬다. "인간은 므두셀라(969세까지 살았다는 성서 속 인물)로 돌아가지 않아도 초인이 될 겁니다."

쇼에게 주어진 세 번째 질문은 다음과 같다. "우리가 신의 자손이라면 결국 신이 되는 건가요?"

쇼는 답했다. "생명의 힘이 우리를 그렇게 만들려고 합니다. 그러는 사이 우리는 함께 잘 지낼 허구의 신을 만들어내야 했습니다."★

실버 버치가 이에 대해 말했다.

"우리는 모두 축소된 크기의 신입니다. 생명의 신이 갖고 있는 힘을 우리도 갖고 있기 때문이죠. 신은 우리의 일부이며, 우리도 신의 일부입니다. 우리가 신의 재능을 펼쳐내고, 잠재된 존엄성과 고결함, 숭고함이 표현되도록 허용하는 정도만큼, 우리는 전보다 더 신에 가까워지게 됩니다.

진보의 길은 영원하며, 인간은 모든 시대를 거쳐 그 길을 계속 가게 될 것입니다. 존재의 거친 요소를 벗어버리고 내면의 더 많은 영적 특성들이 보다 충만한 표현을 찾도록 하면서 말이죠."

마지막 질문은 이랬다. "구약과 신약이 분리되고 별개의 책으로 다뤄져야 한다고 믿습니까?"

★ 쇼 자신이 심취했던 창조적 진화론을 피력한 듯하다.

쇼의 대답은 이랬다. "두 책은 이미 구분되어 있습니다. 따로따로 살 수 있어요."

실버 버치가 말했다.

"그다지 중요한 질문이란 느낌이 들지 않습니다. 두 책은 특정한 가치를 지니지만 신학적 믿음에 맹목적으로 집착하는 사람들이 부여하는 정도의 가치는 아니에요. 얼마간의 역사와 방대한 지혜, 많은 아름다움이 있지만 애석하게도 특히 구약은 혐오스럽고 잔인하며 역겨운 내용들이 많죠. 두 책이 분리된 것으로 여겨져야 한다든가 하는 것은 중요치 않고요."

다음은 또 다른 질의응답 모임에서 실버 버치가 한 말이다. "영이란 무엇인가요?"란 질문에 그는 다음과 같이 대답했다.

"영은 태생적으로 완전합니다. 본질적으로 모든 생명의 창조적인 힘을 소유하고 있지요. 나이와 병약함, 질병, 소모, 혹은 신체에 영향을 주는 어떠한 결함도 겪지 않아요. 세월의 풍상은 영에 나쁜 영향을 미치지 않습니다. 영의 진화는 미숙함에서 성숙함으로 나아가죠. 그 진화의 일부는 육체를 통해 성취되는데, 마치 생명의 힘이 훗날 자유로운 존재로 모습을 드러내기 위해 고치를 만들 듯이, 육체도 그러한 목적으로 창조된 것입니다.

인간은 영이 창조한 육신을 가지고 물질계에서 살고 있어요. 영이 우세하며 지배자라고 할 수 있죠. 그러나 여기서 역설이 생깁니다. 영과 정신과 육체 사이에는 상호작용이 있는데요. 육체는 지상에서의 영의 활동을 제한합니다. 영은 지상에서 오직 육체를 통해서만 자신을 표현할 수 있기 때문이죠.

지상에 있는 동안 인간의 영 안에 내재된 모든 힘을 방출하는 방법에 대한 충분한 지식을 갖는다면, 그 힘으로 인해 육체적인 모든 질병과 고통을 물리칠 수 있을 것입니다. 생명의 힘인 영이 스스로를 표현하도록 허용된다면 이 모든 결함을 지닌 몸을 정화할 것이기 때문이죠. 인간이 정녕 법칙과 조화를 이루며 산다면, 죽음이 질병 때문에 오지는 않으며, 영이 성숙해 나무의 과일처럼 육체가 떨어져 나갈 때만 와요."

이어지는 질문은 다음과 같았다. "전에 말씀하셨듯이, 지구와 그 위에 살아가는 모든 생물들이 단순히 영혼의 세계로 넘어간 존재들의 그림자 같은 외관을 취하고 있다면, 어째서 죽은 사람들이 우리의 신체적 활동을 은밀하게 목격하고 묘사하는 것을 듣게 되는 거죠?"

"우리 세계의 사람들이 여러분의 물질계로 잠시 들어가는 것은 사랑을 통한 밀접한 유대가 있을 때입니다. 인도령이 영매를 통제하면서 그의 눈과 귀를 통해 보고 듣는 것과 마찬가지예요. 인도령이 영매를 통제할 때마다 일어나는 일들이 아주 잠시 동안 벌어지는 것이죠. 사랑이 그런 일을 가능하게 합니다. 다시 말해 그들이 실제로 여러분의 세계에 존재하게 돼요.

그리고 이런 일은 주로 죽음을 맞은 지 비교적 얼마 안 되는 사람들에게서 일어나죠. 이런 사람들은 실제로 영의 세계보다 물질계의 방식에 익숙합니다. 지박령이란 뜻은 아니에요. 그렇지는 않고요, 자신들이 사랑하는 사람들에게 이끌리는 힘이 자연스럽게 지상에 남아 있기에 물질계와 매우 가까운 거죠."

한 참석자가 말했다. "특정한 종류의 증거를 가지고 오는 영들은 대체로 최근에 죽은 사람들이란 걸 곧잘 알게 됩니다. 그런 사람들이 대체로 더 열성적인 것 같아요."

"맞습니다. 전쟁 중에 죽은 청년들이 특히 그렇죠. 물론 그들을 끌어당기는 힘은 지상의 사랑입니다. 그들은 다른 어떤 것보다도 그것을 강하게 느껴요. 사랑이 그들을 끌어당기는 거죠. 그들이 그렇게 사랑 속에 놓이길 원하기 때문입니다. 그들의 사랑이 있는 곳에 그들도 있어요. 사랑의 그러한 강렬함 때문에 그들은 여러분의 세계에 존재를 드러내려 하게 됩니다. 아주 오래전에 죽어서 지상의 일들에 그다지 관심도 없고 연결점도 잃은 존재들과는 비교가 되지 않죠."

"잠자는 동안 우리가 아스트랄 차원을 방문한다면, 이미 타계한 친지들은 우리가 잠시 들렀다는 걸 알게 되나요?"

"물론이죠. 비슷한 수준의 의식들은 모두 만나고 있기 때문입니다."

"심령주의를 위해 헌신하고자 하는 사람들 중에 어떤 분들은 왜 세속적인 일에 좌절을 많이 겪나요?"

"영의 군대에 소속되려는 사람들은 어떠한 어려움도 참을 수 있을 만큼 강해야 합니다. 자신을 괴롭히는 모든 문제를 극복하고 승리할 수 있어야 하죠.

어려움이 닥쳤을 때 맥없이 물러나는 사람이 어떤 일을 할 수 있겠어요? 큰일에 헌신할 사람일수록 시련을 통해 정화되어야 합니다. 역경과 장애를 감당하고 자신들을 괴롭히는 온갖 고난과 싸워 이길 수 있을 만큼 강해져야 해요. 이들에겐 좌절처럼 보이는 많은 것들이 불가피한 수련의 과정으로 예정되어 있어요.

헌신을 요청받은 사람들이 아무런 시련과 스트레스, 문제도 없는 장밋빛 인생을 살았다면, 그들의 인품은 자신들을 기다리고 있을 과업을 수행하기에 충분할 정도로 훌륭하지 못할 것입니다."

"우발적으로 죽는 사람은 아무도 없다는 이론을 받아들인다면…"

그다음 질문이 시작되려 할 때 실버 버치가 끼어들었다.

"오, 저는 그런 이론을 받아들이지 않습니다!"

그러자 질문이 계속되었다. "아무튼 법률에 따라 죽는다면, 사형제도를 어떻게 반대할 수 있겠습니까? 사형집행인은 그의 죽음을 결정한 법의 도구일 뿐인데요."

"불행하게도 준비가 되기 전에 영의 세계로 넘어오는 사람들이 엄청나게 많아요. 우리에게 오는 사람들이 모두 준비가 되어 있다면, 우리가 여러분의 세계로 와서 이렇게 수고할 필요도 없을 겁니다. 제대로 준비가 되지 않은 채 들어오는 영혼들이 너무 많아서, 모두가 갖춰야 할 기본적인 진리를 전파하기 위해 우리가 여러분의 세계로 오는 건데요.

아닙니다, 아니에요. 그 이론은 틀렸어요. 너무나 많은 사람들이 때가 되기 전에 온답니다. 법칙은 존재합니다. 모든 일은 법칙의 틀 안에서 일어나기 때문이죠. 그러나 사고가 미리 예정되어 있다는 뜻은 아니에요."

"전쟁 범죄자들은 영의 세계에서 어떤 운명을 맞게 되나요?"

"자연의 법칙은 어떤 사람이건 상관없이 모든 개개인을 돌봅니다. 법칙은 그 작용이 완벽해요. 결과는 늘 수학적인 정확성으로 원인을 따르죠. 원인과 결과의 경로를 털끝만큼도 변경시킬 수 있는 사람은 없습니다. 수확하는 것은 심어진 것이어야 해요. 모든 개개인의 영혼엔 지상의 삶의 모든 결과물이 지워지지 않게 입력됩니다. 법칙을 위반해 죄를 지은 사람은 행동의 결과를 자신의 영혼에 새기게 되지요. 모든 악행에 대한 배상이 이뤄질 때까지 진보는 일어나지 않아요. 어떠한 사람도 지상의 삶의 결과에서 벗어날 수는 없어요.

우리가 전하고자 하는 말의 요점은 이렇습니다. 우주는 절대불변의 법칙에 의해 지배되며, 신을 경시하거나 기만할 수는 없다는 것입니다. 인간은 지상에서의 삶이 만든 천국이나 지옥을 갖게 되죠."

그다음 질문은 질문이라기보다 진술에 가까웠다. "당신은 최근에 진정한 기도는 자신의 의지를 신의 의지와 조화시키도록 하는 것이라고 말씀하셨습니다. 그러나 우리가 어떻게 그러한 경지에 이를 수 있는지에 대해서는 말씀하지 않으셨는데요."

"자신이 기도를 할 수 없다는 걸 알게 된 사람들은 기도를 하려고 해서는 안 됩니다. 기도는 정신과 영을 활용하는 것이에요. 인간의 의지와 신의 의지의 조화를 이루도록 하는 수단이죠. 만일 기도 중에 그렇게 되지 않아 계속 되풀이해 시도했다면, 그것은 실패했다는 뜻이에요.

진정한 기도는 행동의 준비가 되는 것입니다. 기도는 인

간이 더 위대한 생명의 힘에 자신을 조율할 수 있는 수단이에
요. 그리하여 그 힘이 존재를 채우고 흘러넘치게 되며, 인간은
자신이 우주 전체의 의식과 하나가 되고 강해져서 헌신할 준
비가 되었다는 것을 알게 됩니다. 그것이 제가 이해하는 기도
예요."

"누가 인도령을 임명하나요?"

"끌림의 법칙입니다."

"영혼(soul)이란 무엇인가요?"

"영혼은 모든 인간이 입고 있는 신의 옷입니다. 영혼은 신
이 모든 사람에게 준 빛이에요. 각각의 사람들이 우주에서 기
능하도록 해준 신의 숨결이죠. 영혼은 생명의 불꽃이고, 인간
존재의 역동적인 원천이에요. 인간을 신과 연결시키는 것이
고, 생명의 모든 발현을 감싸고 있는 무한의 일부로 만들어주
는 것입니다. 인간이 영원히 입게 될 해지지 않는 옷이죠. 인
간은 영혼입니다. 영혼이 그 개인이며, 반성하고 생각하고 결
정하고 판단하고 추론하고 사랑하는 부분이기 때문이죠. 영혼
은 의식의 모든 측면을 갖고 있어요."

"최후의 아마겟돈(성경의 계시록에 나오는 인류 최후의 전쟁)이 급
속히 다가오고 있다는 예언은 사실인가요?"

"사실이 아닙니다. 성경을 편찬했던 사람들은 모두 크든

작든 심령 능력을 갖고 있어서, 이런 능력을 가진 사람들이 그렇듯이 영감을 상징적인 형태로 받았다는 점을 인식하셔야 해요. 그래서 영적인 것은 영적으로 파악해야 합니다. 상징을 현실로 읽어서는 안 되고요.

영의 세계에서 물질계에 암시를 줄 때는 주로 시각적인 그림을 이용해요. 전달받은 것을 해석하는 것은 인간의 몫이죠. 물질계 전체가 파괴되고 예수가 육신으로 재림해서 온 세상의 환호를 받는 마지막 전쟁이 있을 거라는 예언은 사실이 아니에요. 모든 생명은 진화의 일부이며 물질계에는 종말이 존재하지 않아요. 세상은 향상되고 성장하고 진화합니다. 인간도 향상되고 성장하고 진화하죠. 모든 생명엔 시작도 없고 끝도 없어요."

"모든 사람에겐 수호천사가 있다고 들었는데요. 만일 그렇다면 전쟁 중에 어떤 사람은 위험으로부터 안전하게 보호받고 또 어떤 사람은 그렇지 못한 이유가 뭔가요?"

"모든 것은 그때의 상황에 따라 좌우돼요. 모든 사람에게 이런저런 형태의 수호천사가 있는 것은 사실입니다. 그러나 그 사실을 자각하는 사람이 몇이나 될까요? 자각이 없으면, 그 사람이 무의식적으로나마 영적인 능력을 갖고 있지 않은 이상, 인도를 하는 영적 존재가 여러분의 세계에 자신을 표현할 수 없어요. 영의 모든 활동은 영이 스스로를 표현할 수 있는 환경을 인간이 제공하는지의 여부에 달려 있죠.

적절한 환경, 영의 세계와 조화를 이룬 섬세하게 조율된 수단이 주어진다면, 여러분 가까이에 있는 존재들이 자신을 드러내 보이고 물질에 영향을 미칠 수 있게 됩니다. 여러분의 세계에는 그에 관한 수많은 기록들이 있어요. 보이지 않는 존재에 의해 기적적으로 보호를 받거나 인도를 받는 그 모든 사례가 이러한 과정을 통해 일어나는 겁니다. 인간이 적절한 환경을 제공하는 것이죠. 여러분 없이는 우리가 물질계에서 일을 할 수가 없어요."

그런 뒤에 실버 버치가 다음과 같은 격려의 말로 모임을 마무리했다.

"신의 법칙은 어긋남이 없습니다. 모든 시간을 통틀어 작용되어왔죠. 태양과 별, 달, 조수와 대양, 강, 꽃의 향기, 이 모든 것이 영원한 법칙의 한결같음에 감사하며 자신을 드러내고 있어요.

이 모든 우주와 그 안에 있는 모든 것을 창조한 힘은 여러분 각자의 내면에 있는 힘이며, 완전한 표현을 찾으려 하고 있죠. 내일 무슨 일이 생길지 두려워하지 마세요. 여러분 안에 여러분을 지탱할 수 있는 힘이 있어, 살면서 맞닥뜨리는 모든 어려움을 이겨낼 수 있게 해주기 때문입니다. 여러분이 신을 저버리지 않는 이상, 신도 여러분을 저버릴 수 없다는 것을 명심하세요."

CHAPTER 16

죽음은 사랑을 갈라놓지 못한다

남편을 몹시 사랑한 여자가 실버 버치에게 질문했다. "우리가 윤회하는 게 사실이라면, 제가 남편과 다시 떨어지게 되는 건가요? 심령주의를 공부하면서 죽은 남편과 언젠가는 영의 세계에서 만나 두 번 다시 헤어지지 않을 거란 희망을 가졌는데요."

실버 버치가 대답했다.

"서로 사랑하는 사람들은 죽음이라 불리는 사건을 거쳐 일단 영의 세계로 넘어오면 헤어지지 않아요. 사랑은 법칙이며 끌림입니다. 사랑은 자연의 법칙이 서로 맺어준 사람들을 결합하여 두 반쪽이 하나가 되게 하죠. 서로에게 완벽한 사랑을 발견한 사람들이라면 이별이 있을까 봐 두려워할 필요가 없습니다."

또 다른 질문에 대답하며 실버 버치가 말했다.

"인간이 영의 세계와 진정으로 연결되었을 때는 인도와 보호가 매우 실질적인 것이 되지요. 모든 인간이 영의 영향력이 미치는 에너지장 안에 들어온다면, 여러분의 세계에는 훨씬 많은 헌신이 주어질 것입니다. 활용할 수 있는 힘의 축복에 마음을 열기만 하면 자신의 것이 될 수 있는 모든 아름다움과 숭고함을, 엄청나게 많은 이들이 거부하고 있다는 사실에 저는 늘 어리둥절해지곤 합니다. 영의 세계는 물질계의 사람들이 이룬 것보다 훨씬 높은 진화 단계에서 깨달음을 얻은 영혼들로 가득 차 있어요. 그들은 자신들의 모든 재능을 여러분의 세계에 대가 없이 기부하고자 합니다.

사별을 애도하는 이들은 눈물을 흘릴 필요가 없습니다. 병자는 치유될 수 있고요. 혼란에 빠진 이들은 갈 길을 찾을 수 있습니다. 지친 이들은 힘을 얻고, 집 없는 이들은 피난처를 제공받고, 굶주리고 목마른 이들은 음식과 물을 얻을 수 있죠. 이처럼 경이로운 영의 힘이 흘러갈 수 있는 더 많은 통로가 마련된다면 여러분의 세계에 많은 빛과 아름다움이 더해질 수 있을 것입니다."

"정통 종교와 심령주의를 융합하는 것은 바람직한 일인 가요?"

"그것은 전부 언어의 문제일 뿐입니다. 저는 명칭이나 칭호, 분류에는 관심이 없어요. 진리의 전파에만 관심이 있을 뿐입니다. 진리를 전파하고, 인류를 자유롭게 하고, 신의 자녀들에게 내세의 삶을 준비시키고, 그들이 신의 유산을 받을 가치가 있는 삶을 영위하도록 하는 데 도움이 되는 일이라면 무엇이든 저와 모든 해방된 영혼들의 축복을 받을 것입니다.

저는 심령주의라 불리는 것이든, 정통 종교라 불리는 것이든, 그런 것들엔 관심이 없어요. 이러한 용어들이 너무 일반적이어서 이런 식의 분류가 혼란을 유발하기 때문이죠. 저는 빛을 찾으려는 사람들, 자신들보다 불운한 사람들을 돕기 위해 내면의 신성을 펼쳐내려는 사람들에 관심이 있습니다. 모든 사람이 자신이 가진 재능으로 최선을 다하고, 신과 그 자녀들을 위해 자신이 최선을 다해 헌신했다는 것을 서서히 알아나가는 것으로 충분합니다."

실버 버치에게 전달된 또 다른 질문이다. "어떤 사람이 영의 세계로 가면 젊은 시절의 잘못을 속죄해야 하나요? 아니면 이곳에 사는 동안에도 속죄할 수 있는 건가요?"

"모든 것은 상황에 따라 다릅니다. 어떤 잘못이건 속죄해야 해요. 그것은 불변의 법칙이죠. 영혼은 오점을 씻어낼 때까지 진보를 이룰 수 없기 때문입니다. 그 잘못이 젊었을 때 저지른 건지, 성년이나 노년기에 저지른 건지는 중요하지 않고요. 능력이 닿는 범위 내에서 바로잡아야만 합니다. 가급적 정직하게 그렇게 했을 때, 혹은 그렇게 하려고 했을 때, 자신의 잘못을 씻어낼 영혼의 또 다른 표현이 시작됩니다. 법칙은 그처럼 단순해요.

지상에서 육체를 갖고 있는 동안 잘못을 바로잡는 게 더 쉽습니다. 이곳이 그 행위가 저질러진 곳이고, 그것을 바로잡는 게 가장 쉬운 곳이에요. 늦어질수록 더 악화되고, 그 결과가 인간의 영적인 성장을 방해하죠. 누군가가 진실한 마음으로 잘못을 바로잡으려 하면, 그를 사랑하는 존재들의 도움을 끌어들이게 됩니다. 인간이 올바른 방향으로 노력하면 즉각적으로 그를 돕기를 희망하는 존재들의 지원을 받게 되죠."

동물의 불필요한 고통을 가엾게 여긴 어떤 여성이 실버버치에게 편지를 보내 물었다.

"고통받는 동물을 도우려는 사람들에게 도움이 될 만한 조언을 해주실 수 있을까요? 심지어 어떤 동물은 모피 때문에 산 채로 가죽이 벗겨진다고 들었어요. 양들은 새끼를 일찍 낳도록 쇠막대기로 맞고요. 그렇게 하면 새끼 양의 가죽이 더 부드럽고 윤이 나서 코트를 만들기에 좋다고 합니다. 모피 때문에 강철 덫이 도처에 설치되어 근방의 동물들을 잡아들이고 있어요.

이런 동물들을 위해 무엇을 해야 좋을지 모르겠습니다. 이들을 도우려는 사람들도 영들의 도움을 받을 수 있다는 희망을 주실 수 있는지요? 딱한 동물들 생각에 밤잠을 못 이루는 사람들도 있답니다. 동물들을 위한 우리의 기도가 응답을 받아 덫에 걸렸을 때나 생체해부실에 들어갔을 때, 영들이 죽음을 통해 가엾은 그 아이들을 자유롭게 해준다면 얼마나 기쁠까요?"

실버 버치가 답했다.

"영의 힘은 모든 종류의 잔혹함에 맞서 지칠 줄 모르고 줄기차게 용감한 운동을 벌이는 사람들을 격려합니다. 아동학대에 문제의식을 갖는 사람들은 많지만 인간의 보살핌 속에 있어야 할 동물들에 대한 학대에 문제의식을 갖는 사람들은 거의 없죠. 생명체들은 서로 결합되어 있고, 인간의 책임은 동족들을 뛰어넘어요. 들짐승이나 날짐승들에 대한 지배력을 갖고 있기 때문이죠. 그래서 공격을 하지 않는 무기력한 생물들에 대한 잔학행위를 금해야 하는 것입니다.

인간의 몸을 치장하기 위해 동물을 살육하는 것은 신의

섭리가 아닙니다. 모든 잔학행위, 특히 불필요한 잔학행위는 혐오스러운 것이에요. 말 못하는 동물들의 권리를 옹호하는 분들은 늘 도덕적인 원칙에 호소하며 싸워나가야 합니다. 날짐승이나 들짐승에게 잔인하게 구는 사람들은 같은 인간에게도 마찬가지죠. 잔인함이 잔인함을 부릅니다. 사랑과 친절은 사랑과 친절을 부르고요.

잔인한 사람들이 희생자들에게 불필요한 해를 입히는 것은 잘못된 일입니다. 잔인한 광경에 괴로움과 연민을 느끼는 사람들이 결국 승자는 자신들이란 사실을 알고 용감하게 싸울 수 있도록 합시다. 많은 잔학행위가 무지 속에 행해지지만, 그들의 눈이 열리고 앎이 들어오면 이러한 행위들이 상당 부분 폐지될 것입니다."

"모피가 어떻게 얻어지는지를 모든 사람이 안다면 의심의 여지 없이 입지 않을 텐데요." 모임의 한 회원이 언급했다.

"당신이 알아야 할 것은 이것입니다. 진리를 일단 받아들이면 진리의 다른 측면들에도 수용적이 된다는 거죠. 영이 각성되고 감화되면, 해방의 머나먼 길을 걷기 시작하게 됩니다. 많은 개심이 이뤄지면서 통로가 발견되는 곳이라면 어디든 작용될 영의 힘에 맡겨지게 되죠."

"사람들이 채식주의자가 된다면 세상이 더 행복하고 건강해질까요?"

"제 견해를 말씀드리면 답은 '그렇다'입니다. 많은 관점에서 육식은 해롭습니다. 이러한 관점들은 육체적, 정신적, 영적인 면들을 포함한 것인데요. 도덕적인 문제뿐 아니라 건강상의 문제도 포함되어 있어요. 영적인 관점에서는 종족의 진화와 더불어 굉장히 많은 사람들이 채식주의를 택하게 될 것이라고까지 말씀드릴 수 있어요."

"다시 말해 동물들은 인간에게 도살당해 잡아먹히도록 지상에 보내진 게 아니었군요." 또 다른 회원이 끼어들었다.

"물론입니다! 인간도 동물에게 잡아먹히라고 지상에 보내진 게 아니고요."

실버 버치가 특유의 유머를 섞으며 말했다.

"그러나 아직은 시대를 앞서가는 이야기를 하고 계시는 거죠. 그럼에도 그것은 옳은 이야기입니다. 좀더 구체적으로 말씀드리면, 자신들의 영적인 재능과 능력을 키우는 데 관심이 있는 분들에겐 고기와 생선, 가금류를 자제하는 게 도움이 되리란 점을 덧붙입니다. 이러한 습관이 육체를 거칠게 만들어요. 영을 모시는 성전인 육신이 거칠면, 그것을 통해 작용해야 하는 영묘한 감각들이 원래 있어야 할 완전함에 이르지 못하죠."

실버 버치의 사상이 과연 대중을 위한 것인지 궁금해하는 어떤 사람으로부터 온 장문의 편지가 읽혀졌다. "사람들이 초기 기독교의 가르침, 가령 구원의 교리처럼 종교의 단순한 형태를 갖는 게 더 낫지 않을까요? 그런 교리가 당신 같은 분들이 제시하는 가르침보다 현대인들에게 더 유용하지 않을까요?"

실버 버치가 대답했다.

"저는 그렇게 생각하지 않습니다. 영의 가르침은 일반 대중을 위한 거예요. 일반인들이 이해할 수 있는 단순한 진리라고 생각합니다. 사람들이 종교에서 요구하는 모든 것을 제공하고 있죠. 어떤 가르침이건 시험을 하는 것은 간단해요. 그것이 사실인가? 다른 기준은 중요치 않습니다.

우리는 유용성이라든가 관념적인 문제 같은 것에는 관심이 없어요. 일반 대중이 어려운 시기에 의지할 수 있는 진실을 주는 것에 관심이 있을 뿐이죠. 우리는 다른 게 다 실패해도 진실은 사람들을 떠받칠 것이란 점을 압니다. 언급이 되는 다른 가르침들은 지지를 얻는 데 실패했어요. 사실이 아니기 때문이죠.

구원의 믿음을 예로 드셨는데요. 아무도 당신을 구원할 수 없습니다. 당신이 스스로를 구원해야 합니다. 아무도 당신의 삶에 책임을 질 수 없어요. 아무도 당신이 저지른 죄로부터 당신을 사면할 수 없고요. 아무도 한 치의 오차 없이 작용되는 인과의 법칙에 개입하거나 그것을 바꿀 수 없습니다.

그것은 사실인가? 이것이 기준입니다. 우리는 영의 가르침을 전하고 있어요. 다른 모든 것들이 인류를 돕는 데 실패했기 때문이죠. 우리는 이 진리가 성공할 것임을 알고 있어요. 그것이 진리이기 때문입니다. 사실이 아닌 신학의 불안정한 토대 위에 종교를 세우면, 진정한 의미의 종교는 사라지게 돼요. 그러나 종교가 영적인 진리의 토대 위에 세워지면 무슨 일이 일어나든 어떠한 공격도 견뎌내며, 진리를 발견한 사람들을 모든 세속적 불행에서 흔들리지 않게 할 수 있어요. 진리가 그들의 것이기 때문이죠."

"그 질문자는 잘못 생각하고 있네요. 영적인 진리를 이해할 수 있는 것은 오직 소수의 사람들일 뿐입니다." 전직 목사였던 회원이 말했다.

"영의 진리는 아주 단순해요."

실버 버치가 단정적으로 말했다.

"모든 사람이 이해할 수 있습니다. 진리는 모든 사람을 위한 것이에요. 신이 의도한 계획은 작은 종파나 신의 호의를 받는 소수 집단을 만드는 것에 있지 않아요. 우리가 상대하고자 하는 사람들은 다수입니다."

"어머니를 비극적인 상황에서 잃고 무신론자가 된 청년에게 해줄 수 있는 적절한 말이 뭐가 있을까요?"

이 질문이 나왔을 때 실버 버치가 대답했다.

"사적인 논의가 필요한 사례에 일반적인 대답을 하는 게 쉽지 않습니다. 그러나 일반적으로 말하자면, 그 답은 이성을 중시하고 활용해 스스로 질문을 던지는 쪽에서 나와야 할 것 같네요. 스스로 조사하고 연구하는 게 그분 입장에서는 손해 볼 것 없고 오히려 많은 걸 얻을 수 있죠.

결국 둘 중의 하나인 결론에 도달할 수 있을 겁니다. 삶이 계속 이어지는 과정이고 개인적 특성이 죽음으로 끝나지 않는 게 사실이거나, 아니면 거짓이란 것이죠. 그분은 다른 사람들의 의견에 가치를 부여할 필요가 없어요. 자신의 경험에 기반한 자기만의 결론을 내릴 수 있습니다. 정말로 이성의 명령을 따르고 자신의 마음이 체험에 의해 형성되도록 허용할 준비가 되었다면, 그리고 그분이 일반적인 사람이라면, 어머니와 아들 사이에 존재하는 사랑이 죽음으로 사라지지 않으리란 것, 그 사랑으로 인해 어디에 있든 서로가 연결되어 있으리란 것을 알게 될 것입니다."

다음 질문은 "안락사가 옳을 수 있습니까?"였다.

실버 버치가 대답했다.

"전에 대답했던 질문이군요. 저는 지금도 안락사에 반대합니다. 고통에 무관심하거나 냉담해서가 아니에요. 다른 이들의 고통에 민감해지지 않으면 영의 세계에서 잘 지낼 수 없죠. 그러나 육체적인 삶의 마감을 결정하는 문제에 대한 판단은, 영적인 진리에 한심할 정도로 무지한 사람들, 어떤 게 치유 가능하고 어떤 게 그렇지 않은지를 불행히도 잘 모르는 사람들의 손에 맡겨져서는 곤란합니다."

다음의 질문은 앞을 못 보는 여성으로부터 나왔다. "사랑과 지식 중에 영적인 진보에 더 큰 도움이 되는 건 무엇인가요?"

"쉽지 않은 질문처럼 들리네요. 모든 것을 감안할 때 그것은 사랑입니다. 사랑이란 게 어떤 특정인이 아닌 모든 인류를 포괄하는 것을 의미한다면 말이죠. 만일 당신이 소중한 사람들이나 친지뿐 아니라 모든 이를 사랑할 수 있을 것 같은 단계에 이르렀다면, 영적인 진보의 길로 확실히 들어섰다는 뜻이며 영적인 원리에 대한 지식을 갖고 있다는 것을 보여주죠. 사랑 없는 지식을 가질 수는 있지만, 지식 없는 사랑은 가질 수 없기 때문에 사랑이 더 큰 도움이 된다고 생각합니다."

이 질문을 당사자 대신 전달한 회원이 말했다. "저는 사람들이 심령주의의 지식 없이도 사랑을 가질 수 있을 거라 생각합니다."

"네. 그렇지만 마찬가지로 그것도 영적 진보의 지표가 돼요. 심령주의라 불리는 것에 대한 지식 없이도 영적으로 진보할 수 있습니다."

"많은 수의 악인들이 건강한데다 일에서도 성공하는 반면, 선한 사람들은 고통을 받는 이유가 무엇인가요?"가 다음 질문이었다.

실버 버치가 대답했다.

"세속적인 사건들로 자연법칙의 완전성을 심판하려는 모든 시도는 매우 빈약한 기준으로 비교를 하는 것입니다. 세속적인 삶은 인간이 지상의 모든 일을 마친 뒤에 이어질 엄청나게 큰 삶의 지극히 짧은 측면이에요. 그러나 그것은 그렇다 치고, 인간이 겪는 사건들의 정확한 평가가 겉으로 드러나는 모습으로 결정될 수 있을까요? 인간이 다른 이들의 마음속, 영혼과 정신을 들여다볼 수 있나요? 개개인의 내면의 삶, 감춰진 생각과 근심 걱정, 고통과 아픔을 일일이 알 수 있나요? 발생하는 모든 일은 방대한 세속적 교훈의 일부분들이에요. 모든 체험이 행복과 고통, 기쁨과 슬픔, 햇볕과 폭풍을 통해 인간이 성장하도록 도우면서 영혼에 영원히 새겨지기 때문이죠."

"사회를 완벽한 상태로 이루기 위한 가장 좋은 방법은 무엇인가요?" 이 질문이 제기되자 시사적인 가치와 어쩌면 정치적인 이해도 걸린 내용이란 언급이 나왔다.

"저는 모든 당파를 초월한 상태입니다. 저는 영원한 원리를 갖고 있어요. 이 영적인 진리가 세상에 스며들 수 있도록 합시다. 당파와 종교를 떠나 모든 이에게 진리가 영향을 미칠 수 있게 합시다.

어떤 한 그룹의 사람들이 진리의 전체를 갖고 있는 것이 아니에요. 어떤 인간도 자신의 힘으로 모든 진리를 가질 수는 없어요. 이 지식은 여러분의 세계에 살고 있는 사람들에게 자신들의 잠재된 신성을 깨닫는 방법뿐 아니라, 모든 인류에게 영향을 미칠 수 있는 더 큰 힘의 매개가 될 수 있다는 사실을 일깨워줍니다.

이 강력한 영의 힘이 수많은 매개자들을 통해 영감과 아름다움, 사랑과 동료애를 불러들이며 흐를 수 있다면 인간 삶의 모든 측면이 어떻게 변모될지 생각해보세요. 개개인이 자신들의 완전함을 의식하면서 삶을 보다 완전에 가깝게 향상시키려 하겠죠. 그들은 영혼의 결실을 이루는 데 방해가 되는 것이 있는 곳이라면 어디든 에너지를 쏟게 될 것입니다. 그리하여 점차 사회 전체가 완전에 가까워지면서 모든 오점과 얼룩, 더러움이 제거되고 인류는 평화와 조화 속에서 협력과 상호 헌신의 가치를 배우며 살게 될 것입니다."

다음은 실버 버치가 신약 성경의 특정 구절을 해석해달라는 요청에 답한 것이다.

"저는 여러분의 성경에 있는 말들에 얽매이지 않을 것입니다. 여러 차례 말씀드렸듯이 성경의 내용은 그 시대에 있었던 일들을 정확하게 묘사한 것이 아니에요. 진리를 전하는 저의 능력이 성경을 해석하는 능력에 달려 있는 것은 아닙니다. 말 자체의 온당함과 그것을 접하는 사람들이 수용할 수 있는 방식으로 진리를 설명하는 능력에 좌우되어야 하죠.

복음을 잘 설명하는 능력은 흥미로울 수는 있어도 중요한 것은 아니에요. 우리의 주된 과업으로부터 벗어나 곁길로 새지 맙시다. 여러분의 시대에 받은, 여러분 스스로가 진위를 판단할 수 있는 진리의 본질에서 벗어나지 맙시다. 영의 목소리가 다시 한 번 이 땅에 울려 퍼지고, 볼 수 있는 눈과 들을 수 있는 귀가 있는 모든 이들에게 신이 스스로를 계속 드러냄에 기뻐합시다."

"영의 세계와 의사소통을 하는 게 현재 더 쉬워졌나요?"

"네, 혼란이 점차 사그라지면서 질서가 생겨나고 있어요. 격하고 폭력적인 정서가 약화되면서 소멸하고 있지요. 서서히 지상을 감싸고 있는 짙은 안개가 걷히면서 여러분에게 다가가기가 쉬워질 것입니다. 여러분은 이러한 진보가 계속되리란 걸 알게 됩니다."

이 특별한 모임의 마지막 질문은 다음과 같았다. "모든 고통은 스스로가 초래하는 것이란 점에 동의하시나요? 이것은 카르마의 가르침이고 환생을 암시하는데요."

"모든 고통은 인과의 법칙의 결과예요. 우연의 일치로 생겨나는 고통은 존재하지 않습니다. 스스로 얽혀든 상황에 기인한 것이죠. 그것은 지상의 삶에서든, 다른 곳에서든 자신의 인생행로의 일부예요. 제가 입증하거나 증명할 수는 없지만, 그럼에도 사실이라 믿는 것입니다."

여름을 앞둔 이 마지막 모임에서 실버 버치는 다음의 말로 마무리를 지었다.

"휴식 시간을 재충전의 시간으로 활용하세요. 야외로 나가 신성의 기교를 뽐내는 자연의 눈부신 아름다움을 만끽하시고요. 그 아름다움 속에서 숨을 들이마시며 자연 속에 있는 회복의 힘으로 자신을 채우십시오. 자연이 대가 없이 주는 건강과 활력을 취하고 몸과 정신과 영에 활력을 불어넣은 상태로 복귀할 수 있도록 하세요.

저는 멀리 있지 않을 것입니다. 끊어질 수 없는 사랑의 연결이 있기 때문이죠. 제 가슴속에는 여러분이 저에게 갖고 있는 사랑이 언제나 자리 잡고 있습니다. 그것이 저를 북돋고 격려해서 헌신을 계속하게 만들어요. 여러분의 한결같음과 헌신, 애정에 긍지를 표하며 저의 모든 힘과 사랑으로 모든 것을 다 바쳐 여러분께 헌신한다고 약속드립니다.

헤어지기 전에 잠시, 하늘의 축복이 궁핍한 이들을 섬기는 모든 봉사자에게 내리기를 간구합시다. 세상을 위해 부름을 받았다는 자각 속에서 과업을 완수할 것을 결심하고, 우리에게 할당된 일을 완수할 수 있는 힘이 각자에게 주어지길 기도합시다. 신의 축복이 여러분에게 있길 빕니다!"

역자 해설

실버 버치의 사상

기독교가 서구 사회에 미친 영향을 한 단어로 압축한다면 아마도 '분열'이라 할 수 있을 것이다. 인간의 기본적인 욕구를 부정하는, 결벽에 가까운 윤리를 강요함으로써 이 기준을 가까스로 따라가는 사람과 그렇지 못한 다수로 사회가 분열되었고, 지옥의 형벌에 대한 공포감에 사로잡힌 일반 대중은 억압된 욕구를 마녀사냥이나 종교전쟁 같은 유혈극으로 히스테릭하게 분출하곤 했다. 이 와중에 부적절한 이분법적 세계관이 사람들의 의식 속에 자리 잡았으며, 산업혁명 이후 전 세계로 퍼져가고 있는 중이다. 어떤 면에서 실버 버치의 사상은 이러한 이분법이 인류의 의식에 남긴 깊은 상처를 치유하는 통합의 메시지라고도 할 수 있을 것이다.

불리한 여건을 자초한 실버 버치

"저는 지상에서 살았을 때의 이름을 절대 밝히지 않기로 결심했습니다. 제가 어떤 존재인지가 무슨 의미가 있을까요? 역사를 돌이켜보면 사람들은 신의 메시지를 전한 이들을 계속해서 떠받들고 우상화하면서 정작 메시지 자체는 소홀히 해왔어요."

실버 버치(silver birch)는 '자작나무'란 뜻의 별명으로, 모리스 바바넬을 통해 활동한 이 영은 본명을 묻는 계속되는 질문에도 마지막 날까지 입을 다물었다. 이는 스스로를 예수나 유명 선지자, 대천사, 혹은 창조주 등으로 묘사하는 채널링 서적들이 난무하는 오늘날의 관점에서 볼 때 매우 독특한 사례라 하지 않을 수 없다. 이 당시만 해도 인종차별이 극심했던 터라, 눈에 보이지도 않는 영적 존재가 스스로를 인디언으로 자처하는 것은 자멸에 가까운 행위나 다름없었기 때문이다. '왜 우리가 미개한 유색인종의 말을 들어야 하는가'라는 거부반응이 유발된 것은 당연한 일이었다. 그러나 대중의 이러한 반응을 실버 버치는 인종차별의 부당함을 호소하는 계기로 삼았다.

그는 훗날에 가서야 자신이 서구에서도 환생한 적이 있으
며 나름대로 이름이 알려진 인물이었음을 암시하는 말을 한
적이 있다. 그럼에도 스스로 불리한 여건을 감수했던 이유는
이름이 갖는 권위에 휘둘리는 사람이 나올 것을 우려했기 때
문이다. 인간은 권위에 맹종하는 경향이 있기 때문에, 메시지
자체를 이성적으로 판단할 수 없게 된다는 것이었다. 어떠한
메시지도, 심지어 자신의 말조차도 이성으로 판단해서 납득할
수 없으면 거부해야 한다는 게 그가 늘 강조하는 점이었다.

간결하면서도 심오한 가르침

실버 버치의 메시지를 단 하나의 단어로 압축한다면
'service'라고 할 수 있을 것이다. 이 번역본에서는 'service'를
봉사로 번역하지 않았는데, 우리 사회에 통용되는 봉사라는 말
과는 거리가 있는 개념이기 때문이다. 실버 버치의 서비스는
예컨대 산동네에서 연탄을 나른다거나 하는, 생계와 무관할뿐
더러 어떤 고정된 틀에 갇힌 행위가 아니다. 오히려 인간이 자
신의 잠재력을 발견하고 계발함으로써 주변 사람들과 스스로
를 축복의 길로 이끄는 신성한 행위에 가깝다고 할 수 있다.

이기적인 이익을 좇는 대신 세상에 도움이 될 수 있는 방
법을 모색할 때, 생계 문제도 자연스레 해결될 뿐 아니라 더

나아가 풍요롭고 행복한 삶을 영위할 수 있게 되는데, 이것이 곧 서비스라는 개념의 요체이다. 그래서 이 번역본에서는 봉사와 비슷하면서도 더 포괄적인 의미를 갖는 '헌신'이란 말로 옮겼다.

실버 버치의 메시지는 우리 사회가 얼마나 부적절한 이분법에 사로잡혀 있는지를 환기시켜준다. 흔히들 창조론은 종교를 대변하고 진화론은 과학을 대변한다는 인식이 널리 퍼져 있지만, 실버 버치는 '진화'가 영성의 기본 원리 중 하나임을 늘 강조한다.

또한 우리는 알게 모르게 영성을 금욕과 결부시키며, 물질적인 풍요를 추구하는 것은 타락이라는 이분법에 빠져 있다. 영성은 사회 문제를 초월하는 것이어서, 세속잡사에 연연해서는 안 된다는 식의 편견도 팽배해 있다. 그러나 실버 버치에게 진정한 영성은 사회 참여를 통해 구현되는 것이다. 그가 강조하는 영성은 결코 세속을 벗어난 어떤 것이 아니며, 세속에서 사람들과 함께 하는 가운데 피어나는 것이라 할 수 있다. 자기 자신에 대한 집착에서 벗어나 다른 사람들을 위한 헌신의 삶을 살 때 그에 대한 보상으로 물질적인 풍요와 정신적인 만족이 함께 따라온다는 것이다.

채널링 메시지들과는 어떻게 다른가

실버 버치의 가르침은 심령주의로 분류되고 있지만, 정작 그는 자신의 메시지에 심령주의란 라벨을 붙이는 것이 부적절하다고 말한 바 있다. 자신은 그냥 보편적인 진리를 설파했을 따름이며, 심령주의란 용어가 불필요한 오해를 유발할 수 있다는 이유였다. 그러나 심령주의의 전체적인 흐름과 크게 모순되는 부분은 없다고 할 수 있다.

다만 실버 버치의 메시지를 채널링으로 분류하는 것은 (실제로 이렇게 분류하는 사람들도 있지만) 엄밀히 말해 부적절하다. 일단 채널링 메시지들과 심령주의가 어떻게 다른지를 살펴보자. 심령주의는 수많은 영매들이 교령회를 통해 제기된 질문에 답변하는 과정에서 조금씩 채워진 거대한 모자이크 같은 세계관이다. 교령회에서 나오는 질문들은 대부분 참석자들이 죽은 친지들과 대화를 시도하는 과정에서 던지게 되는 지극히 사적인 것들이다. 물론 수많은 사기꾼들이 돈벌이를 위해 엉터리 교령회를 열곤 했지만, 실버 버치처럼 수십 년 동안 정기적으로 교령회를 열었다는 것은 사람들에게 어느 정도 신뢰감을 주지 못하면 불가능한 일이다(교령회의 참석자들은 자기가 접촉하는 영이 정말 죽은 친지가 맞는지를 어떤 식으로든 확인하려 든다). 따라서 이들에게 교령회는 검증 수단의 역할도 했던 것이다.

반면에 채널링 메시지들은 대부분 이러한 검증의 과정이 생략된 채, '자동기술'처럼 신뢰도가 떨어지는 방식을 통해 유출되는 경향을 보인다. 그러다 보니 심령주의처럼 하나로 자연스럽게 통일되지 못하며, 제각기 모순된 내용들이 중구난방으로 난립하는 양상을 드러내곤 한다.

게다가 정보를 전달하는 주체가 예수나 성경의 각종 위인, 심지어 창조주를 자처하는 경우마저 있다. 이런 일은 교령회에서는 거의 일어나지 않는다. 영의 세계에서 그렇게 고차원적인 존재가 인간과 직접 소통하려면 진동수를 엄청나게 낮춰야 하는데, 그것은 대단히 어려운 일이기 때문이다. (기록에 의하면 교령 자체가 매우 고통스러운 작업이며, 평범한 영들의 95퍼센트 정도는 아예 불가능하다고 한다. 실버 버치도 방법을 익히는 데만 무려 15년이 걸렸다고 말하고 있다). 그래서 상대적으로 낮은 단계의 영들이 중간에서 소통의 매개역을 맡게 된다는 것이다.

실버 버치 자신도 높은 존재들의 부름을 받아 물질계로 돌아오게 됐으며, 고통과 자기희생을 감수했기에 가능한 일이었다고 말하곤 했다. 그러므로 채널링 서적에 등장하는 창조주나 수많은 예수들은, 잘못된 수련으로 망상에 빠진 채 삶을 마감한 지박령일 가능성을 배제할 수 없다.

실제로 자신의 정체성을 위장한 채 거짓 메시지를 전달하는 영들의 존재는 실버 버치뿐 아니라 일반적인 교령회에서도 심심찮게 거론되는 이슈였다. 성공회 신부이자 영매였던 스테인튼 모시스^{Stainton Moses}(1839-1892)는 자신을 높은 존재인 양 가장하는 영들에 대해 다음과 같이 언급했다.

"영들이라고 해서 모든 추상적인 신비를 다 아는 것은 아닌데, 만일 누군가가 뭐든 다 알고 있다고 주장한다면 그들이야말로 가짜임을 드러내는 것이다…. 이런 영들의 영향은 세심한 주의를 기울이면 대부분 파악할 수 있고, 또 교령회의 모임을 보호할 수 있는 강력한 보호자 영의 노력으로 대개는 제거될 수 있다."

그러나 채널링은 교령회를 아예 생략한 상태의 소통이다 보니 이런 '보호'가 원천적으로 존재할 수 없다. 반면에 실버 버치는 인간의 궁극적인 운명이나 태초와 종말에 대해 질문을 받았을 때 그런 문제에 대해 아는 것이 없음을 솔직히 시인했다. 흥미로운 것은 훗날 등장하게 될 몇몇 채널링 메시지의 핵심 주제와 상충되는 이야기를 남긴 일이 있다는 점이다.

"자신의 우주와 분리된 신이 존재하나요?"

"아닙니다. 우주는 단지 신의 반영일 뿐입니다. 신은 시스템입니다."(Teachings of Silver Birch, p74)

"전체 역사를 통틀어 신이 영적인 존재를 거치지 않고 말한 적이 있나요?"

"신은 특정한 개인이 아닙니다. 신격화된 개체가 아니에요. 신은 인격을 초월합니다. 법, 사랑, 지혜, 진리의 전형이지요. 광활한 우주에서 끊임없이 작용하는 법칙이자 무한한 지성입니다."(The Silver Birch Book of Questions & Answers, p32)

이 자리에서 채널링 메시지들이 이 책의 내용과 어떻게 다른지를 일일이 논할 수는 없지만, 책을 읽다 보면 독자 스스로 판단할 수 있으리라 본다. 물론 채널링 메시지는 거짓이고, 이 글의 내용이 진리에 가깝다는 주장을 하려는 것은 아니다. 다만 어떤 영적 존재가 자신을 신이나 예수로 자처하고 나름의 주장을 펼 때는, 게다가 그것이 여러 사람의 인생관에 모종의 영향을 미칠 만한 것이라면, 곧이곧대로 받아들이기 전에 이성적으로 진위 여부를 판단할 필요가 있다는 것이다.

심령주의에 따르면, 지박령들은 지상의 진동수와 비슷해서 진보된 영들보다 훨씬 쉽게 의사소통을 할 수 있다. 물론 지박령 중에서도 나름의 논리와 지혜를 갖춘 존재들이 있을 수 있다. 물질계에서도 대단한 학식을 갖춘 지성인이 잘못된 길로 빠지는 경우를 얼마든지 볼 수 있고, 인간이 죽어서 영이 되는 것이므로 어찌 보면 당연한 일이라 할 수 있다.

말이 아닌 글로 정리해보는 실버 버치

실버 버치의 메시지는 엄밀히 말해 '글'이 아닌 '말'이다. 교령회에서 나오는 두서없는 질문에 구두로 답한 내용이라 가지런하고 체계적인 글과는 거리가 멀며, 한두 번 읽어서는 핵심을 파악하기 어려울 수도 있다. 이 메시지들을 편집한 사람들도 대부분 특정 주제들로 분류된 어록을 만든 정도에 그쳤을 뿐이다. 독자들이 실버 버치의 사상을 일목요연하게 파악할 수 있도록 여러 편집본에서 나온 내용들을 종합적으로 정리해보기로 하겠다.

1. 죽음은 없다

인간의 영혼은 불멸이며 물질계의 삶은 희미한 그림자일 뿐이고, 죽음 뒤에 본격적인 삶이 시작된다는 것이 실버 버치 사상의 출발점이다. 이 부분이 모든 교령회의 핵심 주제라고도 할 수 있는데, 대부분 친지의 죽음을 애도하는 사람들이 모여들기 때문이다.

"우리가 물질적인 육체로부터 벗어날 때, 영의 세계에서 사용할 몸은 물질계에 남겨둔 육체처럼 생생하고 견고한가요?"

"여러분이 물질계에 남겨둘 육체보다 훨씬 생생하고 견고합니다. 여러분의 세계는 전혀 생생한 곳이 아니기 때문이죠. 그곳은 영의 세계에 의해 드리워진 그림자일 뿐입니다. 우리의 세계가 실재이고, 여러분은 영의 세계로 갈 때까지 실재가 어떤 것인지 이해하지 못할 것입니다."

"영의 세계에서는 물질이 지금 우리의 감각에 느껴지는 것처럼 영적인 감각에 자연스럽고 구체적으로 느껴지나요?"

"훨씬 더 그렇습니다. 그것이 실재이기 때문입니다. 여러분은 현재 죄수나 다름없어요. 물질적인 육체의 방해로 인해 모든 면에서 제약을 받지요. 여러분은 실재 자아의 매우 작은 부분만을 표현하고 있을 뿐입니다."(Teachings of Silver Birch, p128)

"물질계에서의 죽음은 두려운 것이지만 영의 세계에서는 그것이 크게 기뻐할 일입니다. 오히려 물질계에서 아기가 태어날 때는 영의 세계에서 우는 사람들이 많아요. 반대로 사람이 죽으면 자유를 얻기 때문에 기뻐하죠."(The Silver Birch Book of Questions & Answers, p130)

그러므로 죽음은 전혀 애도할 일이 못 된다. 그리고 이 사실을 아는 순간 우리가 갖고 있는 가치관의 상당 부분이 무너지고 뒤집힌다는 것을 알게 된다.

"죽음은 비극적인 것이 아닙니다. 여러분의 세계에서는 사는 것이 비극입니다. 이기심과 탐욕의 잡초로 질식 상태에 있는 신의 정원을 보는 것, 그것이 비극이지요. 죽는다는 것은 물질적인 몸의 철창 속에 갇혀 있던 영이 자유를 누리는 것입니다. 영혼이 고통으로부터 벗어나 자기 자신으로 돌아가는 것이 비극인가요?"(Teachings of Silver Birch, p121)

"여러분은 영의 세계의 즐거움이 어떤 것인지를 체험해 보지 못했습니다. 물질계에서는 그것과 비교할 수 있는 게 없어요. 육신의 구속으로부터 해방되어 가고 싶은 곳은 어디든 갈 수 있는 자유가 생기고, 생각이 곧바로 형태를 갖추는 것을 볼 수 있고, 가슴의 열망을 끝까지 추구하며, 돈 때문에 일어나는 온갖 골칫거리로부터 자유로워지는 곳이기 때문이죠. (중략) 여러분은 죽음을 맞고 나서야 비로소 삶을 시작하는 것입니다. 지금도 살아가고는 있지만 사실상 거의 죽어 있지요."(Teachings of Silver Birch, p120)

흥미롭게도 실버 버치의 메시지는 현실을 부정하거나 내세를 지향하기는커녕 오히려 그 반대 방향으로 간다. 물질계를 조화로운 곳으로 만들기 위해 현실 속으로 들어가라는 주문을 끝없이 하고 있다. 그러나 현실 속으로 들어가기 위해서는 먼저 물질계를 벗어난 영역까지 망라하는, 전체적인 우주의 원리를 알 필요가 있다는 것이다.

2. 사람들의 선입견과 전혀 다른 영의 세계

실버 버치가 말하는 영의 세계는 구름 위에서 하프를 뜯는 한가하고 따분한 천국 같은 곳이 아니다. 일상의 전반적인 면에서 우리가 사는 세계와 크게 다르지 않다.

"영의 세계에서 하는 일들은 범위가 넓고 끝이 없어요. 문화와 관련된 일, 교육적인 일, 특정한 목적을 가진 일, 물질계에 영향을 미치는 일 등, 원하기만 하면 언제든 우리의 마음을 끌 수 있는 게 많습니다."(Silver Birch Speaks, p114)

영의 세계가 물질계와 결정적으로 다른 점은 진화의 단계에 따라 계층이 나뉜다는 것이다.

"어떠한 영혼도 올라갈 수 없을 정도로 낮게 떨어지는 일은 없습니다. 어떠한 영혼도 가장 낮은 영역을 돕기 위해 내려가는 일이 불가능할 정도로 높이 올라가는 일도 없고요." (Teachings of Silver Birch, p113)

그렇다면 낮은 영역으로 떨어지는 이유는 무엇일까? 영의 세계의 낮은 차원에 대한 설명에 답이 나와 있다.

"탐욕과 권력은 영의 세계에서도 낮은 아스트랄 영역이라 불릴 수 있는 곳에 여전히 존재합니다. 여러분이 깨달아야 할 것은 개개인이 살아생전과 영적으로 정확히 똑같다는 점입니다. 우리의 세계는 여러분의 세계와 달리, 생각이 현실이 되죠. 문제는 권력과 탐욕에 대한 강한 흥미가 그들을 지상에 속박한다는 것입니다. 물질적으로도 죽었지만 영적으로도 죽어 있는 것이죠. 그들은 우리보다 여러분 쪽에 더 가까워요. 불행히도 그들은 여러분의 세계에서 탐욕과 권력에만 관심 있는 비슷한 사람들에게 해를 입힐 수 있습니다." (The Silver Birch Book of Questions & Answers, p156)

반면에 높은 차원에 대한 묘사도 있다.

"영혼이 높이 올라갈수록, 제공받는 아름다움과 조화의 세계가 커집니다. 여러분의 의식이 상승할수록, 더 큰 조화의 영역이 진화된 영혼을 기다립니다. 낮은 차원에 있는 동안에는 높은 차원을 인식하지 못하지만 높은 차원에 있는 동안에는 낮은 차원을 인식할 수 있습니다."(Teachings of Silver Birch, p108)

높은 차원으로 진화할수록 신, 혹은 다른 존재들과 조화를 이루는 능력이 강해지므로 사회가 고도로 조직화되어 간다.

"영의 세계는 고도로 조직화되어 있어요. 여러분이 상상하는 것 이상으로 체계적인 시스템을 갖고 있지요."(Silver Birch Speaks, p103)

"높은 차원의 영들도 가끔 이곳에 오나요?"
"아닙니다. 그분들은 모두 거대한 사슬의 고리들이에요. 제 영매가 여러분과 저를 이어주는 고리인 것처럼, 저도 그분들과 여러분을 이어주는 하나의 고리이며, 그분들도 자신들 너머에 있는 분들과 저를 이어주는 고리입니다. 그 고리는 제가 볼 수 없는 더 깊은 영역으로 무한정 이어져 있습니다."(Teachings of Silver Birch, p118)

3. 인간과 영의 끝없는 상호작용

물질계와 영의 세계는 끝없이 상호작용하고 있다. 대개 물질계의 인간이 비슷한 등급의 영들을 끌어당기면서 영향을 주고받게 된다.

"지상에서 살아가는 동안 항상 여러분은 가장 낮은 단계에서부터 가장 높은 단계에 이르기까지 모든 범위에 걸쳐 있는 영의 영향을 받게 됩니다. 그러나 여러분은 자신이 도달한 영적 단계에 있는 존재들만을 끌어들입니다. 사악한 사람은 사악한 영들을 끌어당기고, 고결한 사람은 고결한 영들을 끌어당기죠. 그것이 법칙이 작용하는 방식입니다."(The Universe of Silver Birch, p66)

이 관계는 영의 등급이 떨어질수록 조화의 능력 또한 떨어지므로 파괴적이 되어간다.

"여러분은 빙의 현상이 영의 세계에 의해 일어나는 것이 아니라 물질계에 의해 일어난다는 것을 알아둘 필요가 있습니다. 에고와 탐욕, 개인적인 욕망만을 위해 살지 않고 헌신을 하면서 조화와 올바른 사고 속에 살아간다면, 빙의는 절대로

일어날 수 없습니다."(Teachings of Silver Birch, p209)

"빙의된 사람이 그 자신 안에 빙의를 가능케 하는 조건을 만드는 겁니다. 여러분이 사랑과 헌신의 열망으로 가득 차 있을 때 여러분을 활용할 수 있는 높은 존재들을 끌어들이는 것과 같은 이치죠. 똑같은 원리가 반대 방향으로도 작용하는 겁니다. 가장 위대한 헌신에 쓰이는 모든 법칙이 이처럼 오용될 수 있습니다. 여러분이 어떤 방식을 자신에게 적용하기로 선택하느냐에 달려 있지요."(The Silver Birch Book of Questions & Answers, p175)

그러므로 이것을 일종의 '끌어당김의 법칙'이라 할 수 있을 것이다. 흥미롭게도 '끌어당김의 법칙'이란 말은 오늘날 '생각의 힘으로 원하는 것을 이룰 수 있는 원리'를 의미하고 있다. 실버 버치는 이 부분에 대해서도 질문을 받은 적이 있다.

"긍정적인 사고를 이용해 어떤 것이든 얻는 게 가능한가요?"

"그 질문은 수정이 필요할 것 같네요. 여러분은 원하는 것을 어떤 것이든 가질 수 있는 게 아니기 때문입니다. 여러분이 얻을 수 있는 것에는 자연법칙에 의해 부과된 한계가 있어요. (중략) 긍정적인 사고가 필요하다는 생각 자체에 반대하는 것은 아닙니다. 그러나 원하는 것은 무엇이든 가질 수 있다고 말하는 것은 터무니없는 일이에요."(The Silver Birch Book of Questions & Answers, p179)

실버 버치의 관점에서 볼 때 기존의 '끌어당김의 법칙'은 자연의 원리를 거스르는 것으로, 역효과를 거둘 가능성이 크다고 하겠다. 그 이유는 갖고 싶은 것을 그런 방법을 동원해서라도 손에 넣고자 하는 이기적인 태도가 오히려 낮은 영역의 에너지들을 끌어당길 수 있기 때문이다. 높은 영역의 영들은 반대로 자기를 내려놓고 세상을 위해 헌신하고자 하는 존재에 힘을 실어준다. 여기서 '힘을 실어준다'는 것은 다양한 형태의 도움을 의미한다.

"여러분이 영감을 받는 것은 의식적이든 무의식적이든 우리 세계의 영들과 파장이 맞았기 때문입니다. 그 순간에 여러분은 영의 힘과 영감, 혹은 메시지를 받을 수 있습니다. 그러나 영의 세계에서는 사람들이 끊임없이 생각을 주고받아요. 우리와 영적인 파장이 맞는, 다시 말해 비슷한 영적 상태에 있는 존재들은 우리가 보내는 생각을 받고, 그들도 우리에게 생각을 보내죠. 파장은 영적인 단계에 의해 결정됩니다. 여러분은 생각을 받고 보내는 거점입니다. 여러분이 자신의 생각을 창조하는 경우는 거의 없어요. 라디오나 텔레비전은 동조할 수 있는 채널, 진동수를 갖고 있죠. 주파수가 정확한 표현인가요? 여러분도 자신의 주파수를 갖고 있습니다. 그것을 통해 여러분은 같은 주파수의 존재들로부터 나오는 다양한 생각과 아이디어, 암시, 영감, 안내를 받게 됩니다. 여러분이 그러한 것들을 받으면 자신의 개체성이 가미되어 다른 존재들이 받을 수 있도록 다시 발신이 되죠."(The Universe of Silver Birch, p53)

진화된 영들은 물질계를 올바른 방향으로 이끌고 싶어하며, 그러한 목적을 위해 인간들과 긴밀한 협력 관계를 유지하고자 한다. 아마도 조화를 추구하는 성향이 이러한 의도를 유발하는 것으로도 보인다.

"영의 세계에서 헌신은 물질계의 돈과 같은 역할을 합니다. 누군가가 주변 사람들에게 헌신하려는 열망을 품으면, 영의 세계로부터 그 사람을 통해 같은 목적을 이루고자 하는 존재들을 자동적으로 끌어당기게 됩니다. 영계에는 인류 해방의 과업에 일생을 바친 무수한 존재들이 있습니다. 그처럼 고귀한 사명은 죽음 이후에도 지속되기 때문입니다. 영의 세계에서 오랜 세월 있다 보면 그러한 열망이 더욱 강해지죠. 그들은 여러분의 세계가 온갖 슬픔과 궁핍, 고통과 비탄으로 가득 차 있다는 것을 압니다. 너무나 많은 불의와 잘못, 탐욕과 이기심으로 난무한 세상을 바로잡기 위해 자신들이 가진 힘을 쏟아부으려 하는 것이죠. 그래서 그 매개가 되어줄 지상의 누군가를 찾게 되는 것입니다."(Silver Birch Speaks, p16)

영들은 이처럼 인류를 도우려는 숭고한 정신과 동기를 지닌 사람에게 힘을 실어주고자 한다. 유감스럽게도 대부분의 사람들은 온통 자기 일에만 몰두해 있어, 이 엄청난 힘의 진가를 느낄 기회조차 갖지 못한 채 살아간다.

"여러분이 쓰러진 사람을 일으켜 세우고, 약한 사람들에게 힘을 주고, 어둠이 있는 곳에 빛을 들여오고, 배고픈 사람들에게 음식을 주고, 오갈 곳 없는 사람들을 재워주기만 한다면, 그 일을 어떤 방식으로 할지, 누구를 도와야 할지, 어디에서 할지는 중요치 않습니다. (중략) 그것은 모두 신이 하시는 일의 일부입니다. 여러분이 그러한 노력을 기울이는 곳은 어디든지 여러분을 지탱하고, 격려하고, 북돋아주는 힘이 더해집니다. 그리하여 여러분이 생각하는 것보다 더 많은 것을 할 수 있게 됩니다."(Teachings of Silver Birch, p50)

영의 힘이 실리는 과정에서 인간 내면의 영 또한 발현된다. 자기 안의 영이 발현될 때 그 사람의 잠재력이 계발되고 진화가 이루어지며, 자연법칙과의 조화를 통한 풍요로운 삶이 시작된다. 그러므로 헌신은 행복에 이르는 지름길이기도 하다.

"헌신을 하는 한, 방법은 중요하지 않습니다. 여러분이 스스로를 잊고 남들을 돕는 법을 더 많이 배울수록, 영을 더 많이 계발하는 데 도움을 주게 됩니다. 즉, 신이 각자의 마음속에 자리 잡게 되죠."(Teachings of Silver Birch, p79)

"살육의 욕망이 일어날 때, 이성이 상실됩니다. 여러분 안에는 신만 있는 것이 아니라, 동물적인 진화의 잔재도 있어요. 여러분의 진보와 발전은 동물을 가라앉히고 신이 빛을 발하게 하는 것에 있어요. 만일 동물적인 부분이 승리하도록 허용한다면 전쟁과 갈등, 살육이 일어나게 됩니다. 그러나 신이 빛을 발하도록 허용하고 서로 헌신하고자 한다면 평화와 조화, 풍

요를 얻게 될 것입니다."(Teachings of Silver Birch, p166)

4. 예수는 기독교를 어떻게 보고 있을까

실버 버치는 예수와 지속적인 교류를 하고 있음을 밝히고 있다. 그는 예수를 인류 역사상 가장 신성했던 인물로 묘사하며, 깊은 존경심을 표한다. 그러나 예수를 신격화하는 것은 잘못된 일이라고 단언한다. 그것은 오히려 예수를 모욕하는 처사라는 것이다.

"지상에서 영의 현현을 예수보다 더 위대하게 드러냈던 사람은 없었습니다. 법칙을 예수만큼 강렬하게 드러냈던 사람은 없었어요."

"2,000년 동안 말입니까?"

"아니, 그전에도 그 이후에도 없었습니다. 여러분의 세계가 아직 받아본 적 없는 신의 가장 위대한 드러남이었죠. 그러나 우리는 지상에서 환생했던 그 사람을 숭배하지는 않아요. 그를 통해 작용했던 그 힘에 경의를 표합니다."(Teachings of Silver Birch, p95)

"부활은 삶의 법칙의 일부입니다. 모든 영혼이 죽음을 맞아 물질의 몸으로부터 되살아날 때 일어나는 일이죠. 어느 한 사람에게 속하는 현상이 아닙니다.* (중략) 만일 여러분이 예수를 그 누구도 닿을 수 없는 높은 하늘의 머나먼 곳으로 떠받들어 놓는다면, 그것은 예수가 행한 사명의 모든 가치를 파괴하는 것입니다. 예수의 생애의 본질은 사람들이 자신의 삶에서 신의 완전함이 드러나도록 할 때 무엇이 성취될 수 있는지를 보여주는 데 있었기 때문이죠."(Teachings of Silver Birch, p98)

"예수를 기쁘게 해드리는 길이 그를 아무도 닿을 수 없는 까마득한 제단에 올려놓는 것이라고 생각하면 안 됩니다. 예수를 물질계의 다른 모든 사람들과 같은 존재로 만들 때만이 그를 기쁘게 해드릴 수 있습니다. 그는 떠받듦을 원하지 않아요. 예수는 사람들과 함께하고, 본보기가 되길 원합니다. 다른 모든 사람들이 자신이 했던 일들을 따라 할 수 있기를 바라면서요. 만일 당신이 그를 너무 높이 떠받들어 아무도 따라 할 수 없게 된다면 예수의 모든 삶은 헛수고가 되는 것입니다."(Teachings of Silver Birch, p233~234)

---

* 예수는 육체의 죽음 뒤에 남은 영을 물질화시켜 제자들 앞에 나타났을 뿐, 죽었던 육체가 소생한 것은 아니란 뜻이다.

또한 이웃 사랑의 실천을 도외시한 채 난해한 신학이나 기복적인 신앙에 집착하는 오늘날의 기독교는 잘못된 방향으로 들어섰다고 실버 버치는 말한다.

"참된 종교를 가진 사람은 다른 이들을 향상시키기 위해 힘쓰는 사람들, 그릇된 일을 바로잡고, 장벽을 무너뜨리고, 무지를 몰아내고, 빈곤을 근절하려 노력하는 사람들입니다. 이들이 진정한 종교인입니다. 인류를 위한 헌신에 자신의 삶을 내려놓는 것 외에는 종교의 길이 따로 존재하지 않기 때문입니다."(Teachings of Silver Birch, p205)

실버 버치는 여기서 그치지 않고, 기독교의 교리 자체가 자연법칙에 어긋난 것이란 말도 한다.

"신의 법칙을 어떻게 속일 수 있겠습니까? 평생 주변 사람을 돕는 기회를 등한시한 사람이 죽음을 앞두고 회심한다 해서 그의 영이 금방 달라질 수 있다고 보시나요? 그가 평생 해온 영체에 저장된 일들을 지워서 없앨 수 있을 것 같으세요?"(Teachings of Silver Birch, p236)

"저는 당신이 상상하는 것 이상으로 예수와 밀접한 관계를 맺고 있어요. 저는 예수의 눈물을 보았습니다. 수많은 기독교인들과 그 성직자들이 교회의 어두운 이면에서 자행되는 그 모든 수치에 눈을 감는 것을 보면서 그가 흘린 눈물을 말입니다. 신의 집이 되어야 할 교회를 보석과 스테인드글라스로 채워 넣고 어떻게 만족을 할 수 있나요? 그 건물이 드리우는 그늘 속에서 삶의 기본적인 필수품조차 갖지 못한 신의 자녀들이 거주하는 게 그렇게도 자랑스러운가요? 그들 중 많은 사람들이 하루종일 일을 하고 지친 몸을 눕힐 거처조차 갖고 있지 못합니다. 심지어 빵을 사기에도 충분치 않아 야간에 일을 하는 사람들이 있는데 말입니다."(Teachings of Silver Birch, p241-242)

기독교에서 말하는 분노의 신, 지옥의 형벌로 인간을 위협하는 신의 개념이나 죄의 용서 등은 모두 잘못된 것이라고 실버 버치는 말한다. 우주는 원인과 결과의 법칙에 따라 움직일 뿐이며 그 법칙이 곧 신이라는 것이다.

"이기적으로 사는 사람은 이기심의 결과를 거둘 수밖에 없습니다. 죄를 지은 사람은 그 죄의 결과물을 얻게 됩니다. 편협하고 완고한 사람은 편협함과 완고함의 결과를 얻게 됩니다. 법칙은 한결같고 변함이 없어요. 원인과 결과 사이에 끼어들거나, 결과를 바꿀 수 있는 종교적 의식이나 성가, 기도, 경전 같은 건 없습니다. 결과는 원인을 체계적이고 기계적인 정확성에 입각해 따릅니다. 수도자든 일반인이든 상관없이 이 자연의 과정을 방해할 힘을 가진 사람은 없어요."(Silver Birch Anthology, Chapter 1 THE INFALLIBLE LAW)

5. 불행의 원인은 이기주의

실버 버치는 지상의 모든 비극과 불행의 원인으로 물질주의와 이기주의를 지목하는데, 이 두 단어를 혼용할 때도 있지만 다음의 대목을 보면 이기주의가 물질주의보다 더 본질적인 것으로 보인다.

"물론 영의 세계에서도 죄를 짓는 것이 가능합니다. 영의 세계에서의 죄는 이기심의 죄입니다. 그러나 우리의 세계에서는 그러한 죄들이 빠르게 드러납니다. 마음속에 생각이 떠오르자마자 바로 알려지는 거죠. 그리고 그 결과가 물질계에서보다 훨씬 빠르게 표현됩니다. 죄를 저지른 사람에게 입력이 되면서 전보다 영적으로 낮아지게 됩니다. 이러한 죄들이 무엇인지를 여러분의 언어로 명확하게 정의하기가 어렵네요.

이기심의 죄라는 정도밖에는 설명을 못하겠어요."(Teachings of
Silver Birch, p127)

　사실 오늘날은 이기주의가 너무 만연해 있어서 이기심이
특별히 나쁜 것이라는 인식 자체가 없다. 영성을 추구하는 사
람들 사이에서도 '끌어당김의 법칙' 같은 이기적이고 기복적
인 사고방식에 기반한 담론이 인기를 끌고 있다. 그러다 보니
'이기적'이란 말이 야무지게 자기 것을 챙기는 긍정적인 의미
로 인식되는 경향도 있다. 실제로 이기적인 사람들이 잘 사는
모습들이 심심찮게 보이는 게 사실인데 이 부분에 대해 실버
버치는 다음과 같은 말을 한다.

　"나쁜 사람이 좋은 세월을 보내는 것은 무슨 이유인가요?"
　"당신은 또다시 세속적인 기준으로 판단하고 있네요. 좋
은 세월을 보내는 그 사람의 영혼이 비참하고 지독한 괴로움
에 시달리면서도 가식을 떠는 것은 아닌지 당신이 어떻게 알
수 있습니까? 그저 미소 짓는 얼굴과 그 사람을 에워싼 휘황
찬란함에 현혹되어 내면의 고통을 알아차리지 못한 것일 수도
있는데요. 화려한 겉모습이 영혼의 만족과 같이 가는 것인가
요?"(Teachings of Silver Birch, p112)

여기서 중요한 것은 실버 버치가 말하는 이타적인 사람이
자기 몸도 챙기지 못하는 무기력한 사람이라기보다, 행복한
세상을 만들기 위해 끝없이 노력하는 사람 쪽에 가깝다는 것
이다. 다시 말해 실버 버치의 '이타성'은 자신의 잠재력을 계
발하고 표현하는 쪽에 방점이 놓여 있다. 여기엔 '영감'이 중
요한 역할을 한다. 실버 버치에게 있어 영감이란, 영들이 물질
계의 사람들에게 자신의 생각을 새기는 현상을 의미한다. 가
장 흔하고 평범하면서도 제대로 인식되지 못하는 능력이다.

"특정한 직업을 가진 사람들(예를 들어 신문기자들)은 세상을
떠난 신문기자들의 도움을 받나요?"

"예, 물질계나 영의 세계에선 어떤 것도 사라지지 않아요.
물질계에서 스스로를 표현하는 재능은 영의 세계에서 진화를
계속하죠. 그리고 더 높이 진화할수록 그 재능은 자신을 표현
할 수 있는 매개자를 찾아야만 한다는 것을 절실히 깨닫게 됩
니다. 그래서 늘 자신의 힘을 드러낼 수 있는 누군가를 찾음으
로써 진화를 촉진하려 하죠. 간혹 그러한 영감은 무의식적이
지만, 또 어떨 때는 의식을 하게도 됩니다. 어떨 때는 영감을
남기는 존재가 너무 강해서 그의 성격상 특징이 영감 속에 드
러나기도 합니다."

"그 영감은 집단적인가요? 아니면 한 명의 개인을 통하나요?"

"양쪽 다입니다. 영의 세계의 모든 일은 협력을 통해 이뤄지기 때문입니다. 우리는 그룹 속에서의 헌신이 아니면 에너지를 쏟지 않아요. 그러나 각자가 스스로를 가장 잘 표현할 수 있는 매개자를 찾아야 합니다."

"만일 위대한 시인이나 화가 등이 거의 모든 것을 영감에 의해 받는다면, 개인적인 독창성은 어디에서 시작되는 건가요?"

"저는 시작이나 끝에 관해서 아는 것이 없습니다. 신은 생명이고, 생명이 신입니다. 생명의 모든 씨앗이 뿌려졌고, 모든 것이 우주 안에 있지요. 제가 아는 한, 늘 그랬고 앞으로도 그럴 것입니다. 여러분은 모두가 신의 일부입니다. 물질적인 몸 안에 신의 영이 깊이 간직되어 있어요."(Teachings of Silver Birch, p201)

오늘날의 물질적인 풍요에도 불구하고 수많은 사람들이 행복으로부터 멀어지는 느낌을 받는 건, 일신의 행복에 대한 과도한 집착 때문인지도 모른다. 그 집착이 흙탕물 같은 번뇌를 끝없이 유발하는 것이다. 이기적인 집착을 내려놓고 다른 사람들의 행복을 먼저 살필 때 내면의 신이 표현되면서 진정한 행복에 이르게 된다는 것이 실버 버치의 요점이다. 바로 이런 이유 때문에 실버 버치는 현실 속으로 들어가라는 이야기를 하는 것이다. 다른 존재들의 행복을 위해 불행을 기꺼이 감수하고자 하는 사람은 오히려 행복해지고, 혼자만의 행복을 위해 발버둥 치는 사람은 거꾸로 불행의 늪으로 빠져드는 역설이라 할 수 있다.

"모든 사람은 누구든 상관없이 시련과 역경, 번뇌를 겪습니다. (중략) 어떻게 반응할지는 본인이 결정할 문제입니다. 만일 어깨를 펴고 '이건 내가 감당할 몫이야. 기꺼이 지고 가겠어'라고 말한다면, 그 짐이 가벼워집니다. 당신의 영혼이 그만큼 성장하면서 내면의 힘이 스스로를 치유하기 때문입니다."(Silver Birch Speaks, p52-53)

실버 버치가 강조하는 '헌신'은 워낙 광범위해서 생업과 무관한 영역의 활동도 포함되지만, 헌신의 삶을 살아온 인물로 그가 지목한 사람들은 대부분 자신의 생업을 통해 봉사해온 사람들이었다. 실버 버치는 '헌신할 수 있는 길을 열어달라'고 기도하면 머지않아 방법이 생긴다고 말하는데, 그렇게 해서 인생의 행로가 완전히 달라지는 사람도 있겠지만, 적잖은 사람들이 현재의 위치에서 관점만 약간 달라진 삶을 살게 될 것이 아닐까 싶다. 똑같은 일을 이기적인 목적으로 하는 것과 이타적인 자세로 하는 정도의 차이가 있는 것이다. 그러나 이 작은 차이는 엄청나게 다른 결과로 이어진다.

인과의 법칙에 지배되는 인간의 삶 속에서 올바른 원인을 짓는 것은 반드시 필요하거니와, 그 결과는 우리가 생각하는 것보다 훨씬 빨리 나타날 수도 있다. 실버 버치가 말하는 인과의 법칙은 물리적인 척도로 판단할 수 없는 것이기 때문이다.

"법칙을 어겨서 한 달간 병을 앓았어야 했던 사람이 영적인 치유의 개입으로 단지 1주일만 앓게 된다는 말처럼 들리는데요."

"기간은 문제가 되지 않아요. 이것은 영의 문제입니다. 며칠이나 몇 주에 걸쳐 이뤄지는 것보다 더 큰 체험을 단지 몇 초에 할 수도 있는 겁니다. 영적인 것을 단지 물리적인 척도로만 판단해서는 안 됩니다. 영적인 것은 영적으로 파악해야 해요. 영적인 사건의 가치를 물리적인 기간으로 평가할 수는 없는 것입니다."(Silver Birch Speaks, p37~38)

6. 진정한 자기 사랑은 자기로부터 벗어나는 것

오늘날의 영성 담론들은 이기적인 세태를 반영하듯, 대부분 '나'에 과도한 초점을 맞추고 있으며, 모든 이야기가 '나'로 시작해서 '나'로 끝나는 경향이 있다. 그 정도로도 부족해 나를 지금보다 더더욱 사랑할 수 있어야만 자기 혐오를 극복하고 행복에 이를 수 있다는 식의 이야기를 주입한다.

하지만 실버 버치를 읽다 보면 나에 대한 혐오감이 단지 자기 사랑이 부족해서가 아니라, 지나친 관심과 사랑을 오로지 자신에게만 쏟아부은 행동의 결과인 것은 아닐까 하는 생각이 든다. 사랑이 지나치면 실망 또한 커지는 법이니까. 자신에게 집중되어 있는 관심과 애정을 덜어내 주변 사람들이나 세상과 나눌 때 그 비워진 자리에 신성이 채워지는 상태가 진정한 의미의 자기 사랑인 것은 아닐까?

예수는 물론이거니와 붓다의 위대함도 모름지기 이 부분에 대한 통찰 때문이었던 것은 아닐까 싶다.

"비구여, 슬픔, 비탄, 고통, 재난, 좌절을 일으키지 않는 영혼설(我論)이 있다면 그를 받아들여라. 그러나 비구여, 슬픔, 비탄, 고통, 재난, 좌절을 일으키지 않는 영혼설을 본 적이 있느냐?"(중아함경)

붓다의 시대에는 많은 사람들이 세속을 등진 채 아트만

Atman, 즉 참나를 찾기 위해 수행했다. 그런데 붓다는 참나를 찾으려고 애쓰는 사람들, 혹은 참나를 찾았다고 주장하는 사람들 중에 고통과 좌절, 슬픔에 휘둘리지 않는 사람이 하나라도 있냐면서 의문을 제기했던 것이다.

이것이 이른바 '무아설'로 이어진 것인데, 실제로 붓다의 많은 제자들이 참나에 대한 집착을 내려놓음으로써 고통과 좌절, 슬픔으로부터 벗어날 수 있었음을 자각하게 되었다. 위의 인용문이 바로 그런 대화를 보여주고 있다. 다시 말해 일신의 행복에 대한 과도한 집착은, 그것이 물질적인 차원의 행복이든, 영적인 차원의 행복이든, 역효과를 일으켜 오히려 인간을 불행에 빠뜨릴 수 있다는 것이다.

실버 버치는 이 문제를 전혀 다른 각도로 접근했다고 할 수 있다. 아닌 게 아니라 실버 버치는 상황과 여건에 따라 원리의 적용이 달라질 수 있음을 누차 강조하는데, 진리의 가르침조차 시대에 맞게 변형될 필요가 있다고 주장한다.

우리 시대는 붓다의 시대처럼 윤회나 영혼불멸이 보편적으로 받아들여지지 않는데다, '누구나 죽으면 먼지로 돌아가니 살아 있을 때 최대한 물질적인 복락을 누려야 한다'는 그릇된 믿음이 모든 사람의 의식과 무의식을 짓누르고 있다. 실버 버치는 "죽으면 끝이 아니다. 그렇다고 영적인 행복을 찾기 위해 안간힘을 쓰기보다는, 일신의 행복에 대한 과도한 집착을 내려놓고 다른 존재들의 행복을 돌볼 때 오히려 행복해질 수 있다"고 한 것이다.

결론적으로 영혼이 있느냐 없느냐를 이론적으로 따지고 드는 것은 문제의 본질을 한참 벗어난 것이며, 인간이 자신에 대한 집착을 내려놓을 수 있는지의 여부가 중요하다고 할 수 있다. 붓다와 예수, 그리고 실버 버치는 자신의 시대에 맞게 고질적인 집착을 내려놓을 수 있는 가장 효과적인 길을 제시한 것이 아닐까 싶다. 나를 내려놓고 잊어야만 진정한 나를 찾게 된다는 역설이야말로 그의 가르침이 갖는 가장 오묘하면서도 강력한 통찰이라 할 것이다.